JOSU AHEDO RUIZ

¿FUISTE FELIZ DURANTE LA PANDEMIA?

LO QUE TODAVÍA PODEMOS CAMBIAR DESPUÉS DEL COVID-19

EDICIONES UNIVERSIDAD DE NAVARRA, S.A.
PAMPLONA

Serie: Ciencias Sociales

Cupón para la Biblioteca Virtual

Accede a la versión eBook de este título por solo **1,99 €**. Con la compra de este libro puedes utilizar el siguiente cupón para la lectura en *streaming** desde la Biblioteca Virtual. **Sigue estas instrucciones** para visualizar tu libro:

1. Dirígete a la web de la Biblioteca Virtual en **https://ebooks.eunsa.es**.

2. En la web ve a **Iniciar sesión** e introduce tu email y contraseña. Si no estás registrado, deberás completar el proceso en **Registrarse**.

3. Tras registrarte, accede a la página del libro o lee el QR de esta página. Bajo el precio podrás **insertar el código oculto en el siguiente cupón** para activar la promoción.

Despegue para visualizar

Acceso directo al eBook

Canjéalo en ebooks.eunsa.es

*Con acceso a internet desde cualquier navegador.

© 2024. Josu Ahedo Ruiz
Ediciones Universidad de Navarra, S.A. (EUNSA)
Campus Universitario • Universidad de Navarra • 31009 Pamplona • España
+34 948 25 68 50 • www.eunsa.es • eunsa@eunsa.es

ISBN 978-84-313-3978-4
DL NA 1686-2024

Fotografía cubierta
Generado por ChatGPT

Printed in Spain – Impreso en España
Imprime: Podiprint

*A Aita y Ama, porque les debo vivir en este mundo
maravilloso y les estoy eternamente agradecido*

A mis hermanos Iñigo y Mikel por ayudarme a ser como soy

A mis sobrinos y a toda la familia entre los que incluyo a mis amigos

A Nacho por el maravilloso prólogo

Índice

Prólogo

La terrible pandemia del coronavirus ha cambiado sustancialmente la manera de vivir y de relacionarnos con los demás. Parece que ha pasado un tiempo suficiente para extraer algunas conclusiones sobre los cambios producidos en la sociedad por este hecho. Dado que habitualmente se destaca lo negativo, me gustaría comenzar resaltando que muchos realizaron un excelente trabajo de servicio a la sociedad con una sonrisa. Los profesionales sanitarios, las Fuerzas y Cuerpos de Seguridad del Estado, las Fuerzas Armadas, los cajeros de supermercados, los quiosqueros y muchos voluntarios recibieron el reconocimiento y agradecimiento de la ciudadanía. Al mismo tiempo, fuimos testigos de numerosas ayudas desinteresadas a personas mayores o solas; así, en numerosas viviendas los vecinos ofrecieron su ayuda a todo el que tuviera alguna necesidad.

Desde el inicio del confinamiento en marzo de 2020, han proliferado todo tipo de publicaciones (artículos divulgativos, investigaciones, reflexiones, estudios empíricos, artículos de opinión) que analizan los efectos del coronavirus en determinados campos. La mayoría de estos escritos se han centrado en analizar aspectos sanitarios, económicos, laborales o educativos. A pesar de las numerosas publicaciones, aún quedan temáticas que han sido poco analizadas o son susceptibles de ser estudiadas desde otras perspectivas.

En el presente libro, el profesor Josu Ahedo, a mi juicio con acierto, detecta cuatro campos que merecen un análisis profundo y riguroso. Concretamente, nos señala y analiza, de modo atractivo y ameno, cuatro temas que deberían ser repensados: el modo de hacer política, la economía al servicio de la persona, el modelo educativo y las relaciones personales.

Los profesores universitarios solemos realizar en nuestro trabajo tres tareas: docencia, investigación y gestión. Una "leyenda urbana" repetida hasta la saciedad en ámbitos académicos universitarios asegura que no se puede ser a la vez buen docente, investigador y gestor. Así, si uno se esmera en preparar y dar bien las clases no investigará, y si se centra en la investigación, la docencia será un estorbo. Además, si tiene responsabilidades de gestión, no tendrá tiempo para publicar y verá reducida sus horas de clase por el cargo que tiene. El profesor Josu Ahedo "echa por tierra" esta afirmación al ser un excelente docente (como muestran las valoraciones de sus alumnos), un gran investigador (como muestran sus destacadas publicaciones), habiendo tenido al mismo tiempo importantes cargos de gestión (vicerrector de Universidad Internacional de la Rioja).

Además, el doctor Ahedo Ruiz ha compaginado su labor académica con responsabilidades en cargos públicos elegidos por la ciudadanía. Estos dos quehaceres se han visto siempre impregnados, en el autor de este libro, por el deseo de servicio a los demás.

De la lectura del presente libro destacaría dos puntos: la búsqueda de la verdad y el deseo de mejorar la vida de las personas.

Respecto a la búsqueda de la verdad, se debe recordar que el estado de alarma decretado por el gobierno para hacer frente a la expansión de coronavirus vino acompañado de un intenso debate sobre la difusión de falsedades, bulos, medias verdades o mentiras por listillos o espabilados carentes de escrúpulos.

A mi juicio, este claro desprecio por la verdad hunde sus raíces en el relativismo cultural y moral. Lo señaló muy acertadamente, en abril de 2005, el entonces cardenal Ratzinger en la misa previa al cónclave que lo elegiría papa: "Se va constituyendo una dictadura del relativismo que no reconoce nada como definitivo". El relativismo sostiene que no existe una única verdad, inmutable y universal, sobre la que construir la convivencia humana y el desarrollo de las personas. Esta corriente no reconoce nada como definitivo y estima que es el propio juicio la única medida que debemos tener en cuenta. De esta forma, todas las opiniones valen lo mismo, y lo único que importa es el respaldo que éstas tengan en la sociedad.

Debemos valorar, apreciar y defender la verdad, recordando la conocida afirmación de Edmund Burke: "Para que triunfe el mal, sólo es necesario que los buenos no hagan nada", por lo que se refiere al deseo de mejorar la vida de las personas.

El autor del libro considera que la experiencia de la pandemia debe ser una oportunidad para construir una sociedad mejor. El libro que tenemos entre manos, como señala en la introducción, rompe una lanza a favor de la persona y su desarrollo.

Conozco al autor desde hace muchos años y sé que su trabajo como profesor universitario y como cargo público se ha guiado por el deseo de mejorar la vida de las personas. No es lo común en una sociedad individualista como la nuestra. Por ello, actuaciones como las del profesor Ahedo Ruiz pueden generar extrañeza e incomprensión en mediocres, egoístas y envidiosos. Pero me atrevo a afirmar que si hubiera más personas como Josu nos iría mucho mejor a todos.

Deseo finalizar estas palabras, felicitando a EUNSA por la publicación del libro y agradeciendo a Josu la oportunidad que me ha brindado de escribir este prólogo. Espero que muchos disfruten con su lectura y que sea un estímulo para que todos sigamos trabajando en mejorar la sociedad en la que vivimos.

Ignacio Danvila del Valle
Profesor titular de la Universidad Complutense de Madrid

Introducción

Este libro se inició durante el confinamiento de los meses de marzo a mayo de 2020. Una situación atípica, en pleno siglo XXI, en el cénit del progreso de la humanidad. En el recuerdo está el horizonte diario a las ocho de la tarde con el momento más solidario de los aplausos a los héroes sanitarios que invirtieron su tiempo en ayudar a los enfermos de COVID-19. Todos los días después de teletrabajar, me sentaba ilusionado a escribir, cuestionándome cuál podía ser mi aportación a este mundo desvencijado y desnortado. No tengo intención de hablar de mí mismo porque no soy ejemplo de nada, pero creo que he aprendido a considerar que las dificultades son buenas oportunidades de crecimiento. Ya lo decía Winston Churchill: "un pesimista ve la dificultad en cada oportunidad; un optimista ve la oportunidad en cada dificultad".

Sin embargo, este optimismo aprendido no esconde el perfeccionismo que me invade. En este sentido, el inhumano periodo de la pandemia fue una realidad que nos permitió descubrir, por un lado, que vivimos en una permanente tensión por hacer bien las cosas. Por otro, que tenemos que soportar vivir en una continua insatisfacción, ya que el perfeccionista nunca termina todo con absoluta perfección, ni la mayoría de las cosas suceden como estaban previstas. Además, uno siempre se deja cosas urgentes sin terminar y se va a la cama pensando que el día ha sido un auténtico desastre.

No obstante, reconozco que mi vida cambió cuando un amigo –un sacerdote– me sugirió un consejo que inmediatamente apliqué a mi vida y, sinceramente, me ayudó. Me dijo que los perfeccionistas siempre estamos pensando en las tareas pendientes, poniendo el foco en el incumplimiento de la interminable lista de quehaceres. Me sugirió que, en lugar de eso, era mejor ser positivos y apreciar todas las cosas buenas que ya hemos realizado. Además, añadió que, debido a nuestra naturaleza perfeccionista, no solemos aceptar los numerosos imprevistos e imponderables que surgen y que debemos atender con arrogante inmediatez, aunque la mayoría de ellos no dependan de nosotros, ni son responsabilidad propia.

Este sencillo consejo me animó a reflexionar y cambiar. Comencé con una dócil terapia enfocada en ser más positivo, prestando atención a las cosas buenas realizadas a diario, que son muchas, dado que los perfeccionistas solemos ser muy activos. Lo que parece tan natural fue un gran descubrimiento para mí, ya que me convencí al instante de la necesidad de un cambio radical en mi modo de autoexigirme. Es como cuando te dicen que los optimistas ven el vaso medio lleno, mientras que los pesimistas lo ven medio vacío.

Comparto este suceso personal porque este cambio vital que adopté me ha servido para ser más feliz. De hecho, fue este el principal motivo por el que, en plena pandemia y durante el confinamiento más duro de 2020, decidí escribir este libro. Mi objetivo era afrontar la pandemia como una gran oportunidad para reflexionar sobre lo que compensa cambiar en nuestro modo de vida. Reconozco que, desde esa ingrata experiencia del confinamiento y con la consiguiente pérdida de libertad, me pregunto con frecuencia: ¿qué significa *ser* feliz? Subrayo el verbo *ser* porque no me conformo con *estar* feliz. No creo que un cúmulo de sensaciones de felicidad sea lo que realmente nos ayude a ser felices. No basta con *sentirse feliz* un rato, ¿por qué renunciar a una felicidad más estable y no tan volátil como la que proporciona la inconsistencia de las emociones?

Colmado de este optimismo, pienso que la pandemia –con los posteriores confinamientos sufridos– debería haber sido una oportunidad para mejorar la sociedad. Este nostálgico anhelo me motiva a proponer algunos cambios sustanciales en los cuatro ámbitos fundamentales afectados directamente por esta trágica pandemia y que demandan una consensuada restructuración. Estos ámbitos son: la política, la economía, la educación y la vida social de relaciones humanas. Es cierto que la pandemia ya es historia y algunos la ven en la lejanía, como un vago recuerdo, con poco interés en recordar algo tan negativo.

Después de cuatro años de este trágico acontecimiento, estoy más convencido de que no estamos preparados para otra futura pandemia y que hemos aprendido poco. La historia de la humanidad nos ha ido brindado diferentes momentos para dar un cambio de timón a nuestro existir, pero es preciso estar bien preparados para gobernarlo. Una muestra que puede motivarnos a este giro fue el ejemplo de Rosa Parks, una costurera afroamericana de 43 años que pasó a la historia. El 1 de diciembre de 1955, viernes, de camino a su casa en la ciudad de Montgomery, Alabama, se negó a dejar su asiento en el autobús a una persona de color blanco. Este hecho suponía transgredir una ley vigente que la obligaba a levantarse para ceder su asiento a una persona blanca, ante la cual ella se rebeló. Este acto revolucionario suponía un desafío. El conductor se lo recriminó, pero ella desoyó esta severa recriminación e hizo caso omiso. Fue detenida. Sin embargo, este simple acto –irrelevante para muchos– marcó la vida de Martin Luther King, premio Nobel de la paz, activista por la lucha en favor de los derechos civiles de la raza negra. Luther King vislumbró en este sencillo gesto una bellísima oportunidad para despertar las conciencias y lograr el demandado cambio social de erradicar el racismo. Sin embargo, también este insignificante acto estremeció los cimientos de EE.UU., que estaba siendo injusta con la raza negra. Años más tarde, esta tenaz lucha fue recompensada ya que, en 1964, se firmó la Ley de Derechos Civiles que prohibió la segregación racial, validando los intensos esfuerzos de Luther King en pro de la igualdad de los derechos civiles entre blancos y negros.

El duro confinamiento de marzo a mayo de 2020 fue una vivencia que bien podía haberse convertido en un hito personal en nuestra vida. Durante esos meses compartimos aplausos, con los vecinos, en los balcones. Sin prisa y agobios, nos fuimos acercando a ellos, recibiendo el calor de una sonrisa vecina. Estos son valores humanos que apreciamos mucho, pero que sustituimos rápidamente por otros más superficiales. ¿Qué ha quedado de esta sugestiva rutina? Por eso, después de la funesta experiencia vivida, este libro propone una reflexión sencilla que busca animar a un profundo cambio personal.

Marshall Mcluhan, afamado doctor en Cambridge, es conocido por ser un visionario de la actual sociedad de la información. En su libro *The Gutenberg Galaxy: The Making of Typographic Man*, publicado en 1962, el autor hablaba de la *aldea global*, caracterizada por la amplia difusión de los medios de comunicación como la radio, el cine y la televisión, que cambiaron la comunicación escrita por otra que facilitaba que las noticias llegasen a los diferentes rincones del mundo. Esto ayuda a comprender cómo el actual mundo globalizado responde a los problemas de un modo unificado. Sin duda, esto se manifestó con la respuesta mundial a la pandemia, en la que se adoptaron medidas de carácter universal como el confinamiento. Los países fueron imitando las pautas marcadas por China, adoptando medidas drásticas.

Una reflexión postpandemia nos ayudaría notablemente a visualizar que hay cuatro pilares de la idealizada sociedad occidental de lujo y placer que deberían ser repensados. En primer lugar, el modo de *hacer* política, ya que los ciudadanos demandan con urgencia una revisión de la tarea política. No entienden el juego político entre los partidos; lo observan como una pérdida de tiempo que resta energías a la esencial tarea de gobernar. Ciertamente, ante la desigual respuesta de los gobernantes a la crisis de la CO-VID-19, ha surgido una duda: ¿no hubiera sido más eficaz poner al frente de esta crisis a un comité de expertos? Sin embargo, contemplamos tristemente cómo, ante la elección de cuáles deberían ser los criterios para elegir ese comité, una vez más se impusieron los denostados modos de *hacer política*, lo cual ha vuelto a mostrar la insuficiencia de esta para resolver problemas.

Igualmente, la grave crisis sanitaria sufrida evidenció que los actuales modos de hacer de la política no corresponden al desarrollo alcanzado por la sociedad en el actual siglo XXI. Con estupor, durante la pandemia, observamos cómo los políticos tomaron diferentes medidas a espaldas de la sociedad, bajo el pretexto de preservar la salud pública, pero con decisiones que no mostraron ninguna transparencia, transmitiendo escasa confianza. La sociedad civil pide a gritos una nueva política, otro modo de gobernar; subrayando que *la vieja política ha muerto*. Sin embargo, ¿qué es la vieja política? ¿Quién decide qué es la vieja y qué es la nueva? ¿Hay alguna diferencia entre la nueva y la vieja? ¿Cuándo va a llegar la nueva política? ¿Es realmente una utopía?

En las elecciones europeas del 9 de junio de 2024 se presentó un joven, Luis Pérez, con el sobrenombre *Alvise*. Es un analista y consultor político, con muchos seguidores en las redes sociales. Sus inicios se remontan al tiempo en el que estuvo en UPyD, el partido de la socialista Rosa Díez. Luego fue asesor de Ciudadanos en la comunidad de Valencia con Toni Canto. Actualmente, una de sus principales demandas en su programa electoral fue luchar contra la partitocracia. Al final, logró tres europarlamentarios con más de 800.000 votos. El perfil de su votante es mayoritariamente gente joven, en general, hombres, y gente que está descontenta. Ha concentrado bastante voto de castigo.

Esta contraposición entre la nueva y vieja política es antigua porque ya en mayo de 1914, José Ortega y Gasset pronunció una conferencia en el Teatro de la Comedia de Madrid titulada *Vieja y nueva política*. Fue un discurso pronunciado en nombre de la Liga de Educación Política Española, una asociación que estaba compuesta de hombres que venían a cambiar los viejos ideales por otros nuevos basados en el liberalismo y la nacionalización como lemas de ese incipiente movimiento.

También el catedrático de filosofía política y social Daniel Innerarity escribió un artículo en *El País*, el 3 de diciembre de 2015, con el mismo título *Vieja y nueva Política*. Sugerente reflexión que destaca que lo novedoso no es sinónimo de bueno, ni lo pasado tiene que ser necesariamente nocivo solo por ser más antiguo. Subraya el deseo de transformación de la política que debería centrar en la renovación de los dirigentes y el rejuvenecimiento de estos. Sin embargo, no aporta demasiadas claves sobre cómo debe llevarse a cabo esta demandada *nueva política*.

No obstante, contemplar la política da vértigo, precisamente porque la dominante estrategia electoralista ha desbancado a la idea griega de la política como servicio. Más que nunca algunos nostálgicos todavía añoramos los modos de hacer de la vieja Grecia que, aupada por Aristóteles, proclamaba la grandeza de la política como servicio a la ciudad; en su tiempo, la ilusión por ayudar a mejorar la polis, era un honor. Allí no se oía hablar de *enchufismos*, ni de nepotismos, ni de corrupciones, sencillamente porque el sistema no lo permitía. ¿Cómo es que después de 2.500 años hayamos retrocedido en algo tan básico como entender la política como servicio?

En la vieja Grecia había varios controles para evitar la corrupción. Por ejemplo, el candidato, antes de ocupar el puesto, debía superar un examen de verificación. También existían otros controles durante el ejercicio del mandato. El primero, el regular ejercido por la Asamblea y otros extraordinarios, llevado a cabo por tribunales formados por varios ciudadanos. Además, al finalizar el mandato se realizaba otro control, llamado *euthyna,* que constaba de dos partes. Primero, un comité formado por diez contables investigaba cómo se había realizado el manejo de las cuentas públicas. Segundo, la *euthynai,* que tenía lugar ante otro comité de diez ciudadanos, uno de cada tribu. Además, esos ciudadanos contaban con la ayuda de dos asesores que eran elegidos por sorteo. Ciudadanos y asesores escuchaban durante tres días las acusaciones de otros ciudadanos y ellos desestimaban las que creían que eran insustanciales y únicamente llevaban al tribunal las que eran fundadas con indicios de culpabilidad de corrupción.

La política actual tiene muchos pecados. El más denostado es la corrupción. Sin embargo, es una difícil tarea superar la corrupción en la política, cuando vivimos en una sociedad que se caracteriza por ser permisiva con prácticas poco éticas como la evasión fiscal o la economía sumergida y es tolerante con el fraude en la percepción de prestaciones sociales, con el uso de la información privilegiada en las transacciones mercantiles o con los numerosos abusos en las relaciones laborales y profesionales. ¿Es esto un indicativo de que no es creíble que la sociedad pueda ser demasiado activa en la represión de la corrupción política?

No obstante, a nivel de gobernanza existen otros peligros que no deberían despreciarse. Por ejemplo, el *cortoplacismo,* esto es, la cortedad de miras. Un mal endémico de los políticos del siglo XXI, quienes gobiernan con herramientas del siglo XIX, como sostiene Daniel Innerarity. Esto conlleva que cada día sea más necesario contar con políticos capaces de gobernar pensando en el futuro a medio y largo plazo. Según él, los problemas que debemos afrontar en nuestra época no se resuelven con medidas simplistas porque la política es el arte del buen gobierno, ideada para hallar las soluciones más satisfactorias.

En segundo lugar, la crisis vivida puede ser una gran ocasión para reflexionar cómo suscitar una auténtica transformación económica que ponga en el centro de los ideales económicos al ser humano. En este sentido, Margaret Thatcher afirmaba que no había alternativa al liberalismo económico propuesto por Friedrich Hayek, puesto que el libre comercio y la desregulación del mercado eran el mejor modo de gobernar la sociedad moderna. ¿Existe una alternativa económica más centrada en el ser humano y en su desarrollo personal? Sinceramente, aunque pueda parecer difícil, es posible. No cabe renunciar a ello porque quien pierde somos nosotros.

En líneas generales, la sociedad ha respondido a la pandemia priorizando la salud a la economía. ¿Significa esto que han muerto los valores del capitalismo propuestos en el libro de Milton Friedman *Capitalism and Freedom*, publicado en 1962, que nos han llevado a un individualismo exacerbado o volveremos a priorizar el dinero y la comodidad en cuanto el proceso de la vacunación nos devuelva a la normalidad? Sin duda, el capitalismo ha modificado nuestra mentalidad hasta el punto de que nos creemos que *vivir bien* es sinónimo exclusivo de tener dinero. De este modo, el objetivo número uno —de modo generalizado— es ganar dinero, instalándose la creencia de que la felicidad se puede comprar. Sin embargo, la cuestión que la pandemia ha puesto en liza es para qué sirve el dinero si un virus nos arrebata cruelmente a los seres queridos, robándonos incluso la natural posibilidad de despedirnos de ellos.

Este desmesurado interés por ganar dinero ha traído como consecuencia que los resultados económicos, es decir, la ambicionada eficacia, sean prioritarios frente al intenso deseo de ser felices. Además, la conquista de esta demandante eficacia económica implica la evaluación constante de los objetivos, con el peligro de reducirla a obtener datos, como una mera revisión cuantitativa, soslayando lo más relevante de lo que puede aportar un análisis de lo cualitativo.

En relación con esta fiebre cuasi enfermiza por la eficacia, existe hoy un excesivo afán de medirlo todo, como si tener el dato preciso fuera la panacea del análisis. Esto se observa en la máxima propuesta por William Thomson, descubridor del cero absoluto en termodinámica, quien afirma que *lo que no se define no se puede medir. Lo que no se mide, no se puede mejorar. Lo que no se mejora, se degrada siempre.* En esta reflexión por la validez del dato, Jerry Z. Muller, en su libro *The Tyranny of Metrics*, publicado en 2018, afirma que lo relevante es saber qué se debe medir y cómo utilizar los datos obtenidos de un exhaustivo análisis.

¿Cómo abordar —en serio— una necesaria transformación económica? Quizá el primer paso pueda ser una visualización del dinero como un medio y no como un fin para ser feliz. Por tanto, también el modo de conseguirlo a través del trabajo favorezca iniciar este indispensable cambio. Ahora vivimos para trabajar. Ana Iris Simón en su libro *Feria*, publicado en 2020, lo explica con un desparpajo digno de quien sabe amar a la naturaleza y ha descubierto que lo actual no tiene que ser mejor que lo de antaño. El sabor de lo auténtico es vivir cada experiencia con sentido, sin dejarse llevar por la moda que nos dice que si te va bien económicamente eres más feliz. Por desgracia, la prisa no nos deja disfrutar de lo que la naturaleza, el mundo y la vida nos dan.

El actual modelo económico sufre una constante inquietud por mejorar la productividad. También es palpable que el futuro está en el teletrabajo y en sus versiones, y no tanto en una obligada presencialidad en el centro de trabajo. Parece que es pertinente un paso hacia lo tecnológico que va a permitir mejorar la eficiencia y, por consiguiente, la productividad. En esta línea, ¿estamos, realmente, preparados para generar nuevos empleos que sean productivos y que resuelvan la creciente demanda de la sociedad, guardando la distancia social?

En tercer lugar, sugerimos una profunda revisión del modelo educativo. La pandemia nos ha otorgado la magnífica oportunidad de repensar la educación escolar y, sobre todo, la universitaria. En la actualidad, se demanda que la educación garantice la capacitación profesional pero, últimamente, también se exige el aprendizaje de ciertas habilidades, las *hard* y las *soft*. Las *hard skills* son aquellas imprescindibles para desempeñar las tareas específicas de un puesto de trabajo. Mientras que las *soft skills* son los rasgos de la personalidad que facilitan trabajar en equipo o la capacidad para resolver problemas. Ejemplos de *hard skills* es saber idiomas, controlar programas informáticos, saber redactar bien, ser capaz de gestionar proyectos. Las *soft skills* son principalmente trabajo en equipo, liderazgo, habilidades de comunicación o la capacidad de motivación.

Este excesivo empeño por las habilidades enlaza con otro gran problema tremendamente actual que es el abandono de las humanidades. Éstas son reemplazadas por lo técnico, lo que conlleva la renuncia a las preguntas fundamentales del ser humano. En conclusión, para ser honestos deberíamos reflexionar si en las escuelas se enseña a ser mejor persona y si se aprende a cómo ser feliz, lo que deberían ser nuestras prioridades fundamentales.

Esta preocupante suplantación de las humanidades por lo técnico también ha supuesto, inevitablemente, el destierro de la educación en valores al ámbito de lo privado. Esto contrasta con el noble objetivo de las escuelas que se centran en la socialización como una preparación para la vida adulta, buscando la integración del sujeto en la sociedad. En relación con esto, es preciso aclarar qué se entiende por *socialización*, ya que, si ésta se fundamenta en la propuesta sociológica de Emile Durkheim, entonces será bastante complejo despojarse del individualismo egoísta presente en esta teoría.

En torno a esta cuestión de la socialización es absolutamente pertinente entender que la convivencia se fundamenta en el respeto, sobre lo que existe un acuerdo unánime, pero la pregunta es si ha de quedarse exclusivamente en tolerar lo que hace, obviando la efectiva preocupación por la persona y por su crecimiento como tal. En este sentido, seguir a pies juntillas lo que Sartre decía cuando subrayó que *la libertad termina donde empieza la de los demás*, puede significar desestimar el valor de la ayuda al otro. A veces pensamos, con cierta razón, quiénes somos para meternos en la vida de otros, pues ellos sabrán cómo quieren gestionar su libertad.

En sentido positivo, en el ámbito educativo, la crisis ha permitido reflexionar sobre cuál es la eficacia de memorizar contenidos. Al respecto, es pertinente subrayar que la metodología tradicional en la que el docente, sabio y poseedor del conocimiento, transmite su saber al ignorante estudiante, ha muerto, por centrarse exclusivamente en un aprendizaje focalizado en la repetición de lo aprendido. Según Hans-Georg Gadamer, el filósofo alemán renovador de la hermenéutica, del modo de interpretar los textos, en su libro *La educación es educarse*, publicado en 2000, abogaba por buscar la autonomía del niño que se va a educar, para convertirle en una persona adulta. También John Dewey, el principal pedagogo del siglo XX, subrayó la necesidad de poner el foco en las características del estudiante para despertar su interés en aprender, de ahí su ya conocido *Learning by doing*, aprender haciendo.

Del mismo modo, la pandemia ha permitido que los docentes se hayan abierto al modelo virtual de clases caracterizado por convertir al docente en guía del aprendizaje, apoyado en el interés por aprender de cada estudiante, intentando lograr, como un objetivo prioritario, la autonomía de cada uno. Esto conlleva que sea imprescindible ahondar en mejorar la competencia digital de los docentes, aunque sin soslayar la reflexión sobre qué y cómo educar. Probablemente estamos en la antesala de un nuevo cambio de paradigma educativo, desbordados por las exigencias del mundo digital.

¿En qué sentido es necesaria una educación en un aula física? Sin duda es pertinente una reflexión sobre la presencialidad educativa. No hay duda de que en ciertos aspectos la educación virtual ha llegado para quedarse. El sistema educativo, anclado en los límites que impone la presencia física, no puede ser el único modo eficaz de enseñar y aprender. Si hemos aceptado que ya no es tan necesario que el docente sea solo transmisor de conocimientos, sino guía del aprendizaje, tampoco parece tan exigible estar presente continuamente escuchándole. Las ventajas de la educación virtual, según opinan los docentes, es que no se pierde tanto tiempo en llamar la atención a los estudiantes que hablan en el aula. Asimismo, se sintetiza más lo que se quiere enseñar. Por eso se insiste en que es un modelo que se apoya más en la autonomía de cada estudiante. Por tanto, el docente no se centra exclusivamente en la ardua tarea de enseñar, sino en gestionar cómo los estudiantes están aprendiendo.

En relación con la tarea del educador, es imprescindible una reflexión sobre la utilidad de lo aprendido, puesto que es inevitable preguntarse cuál es el verdadero sentido de aprender conocimientos, sabiendo que ahora se pueden encontrar con bastante facilidad en Google. Parece que es más crucial saber aplicarlos y conocer cuál es su utilidad. Todavía no sabemos cómo disponer de los móviles en la educación. En la actualidad, los prohibimos y perseguimos que nadie los use en el aula, pero es una herramienta digital de uso diario que habrá que ver cómo queremos que sea manejada por los adolescentes. De momento no estamos acertando con lo que queremos de su uso.

Últimamente están surgiendo movimientos de la sociedad civil guiados por familias que solicitan el retraso en el uso de los móviles y evitar que dispongan de ellos antes de los doce años. Por ejemplo, en algunos barrios de Barcelona se han solidarizado para pedir firmas a través de la plataforma *change.org* con el fin de llevar una iniciativa legislativa al Congreso que prohíba el uso del *smartphone* entre menores de 16 años. Estos son ejemplos de iniciativas que promueven la limitación coherente en el uso de los dispositivos móviles.

En cuanto a la reflexión de quiénes deberían ser los maestros con potestad para enseñar, cabe señalar que no queda mucho tiempo para convencernos de que son pocos a los que se les puede considerar como los grandes maestros universales, precisamente quienes tengan un conocimiento que sea digno de ser escuchado por muchas personas. En breve, llegará el momento en el que esos sabios universales impartirán clases a miles de personas que quieran escucharlos, abriéndoles horizontes y expectativas que no serían capaces de alcanzar por sí mismos. Todo gracias a la tecnología, que lo permitirá. De este modo estaríamos hablando de una universidad realmente universal respecto a la enseñanza. Esta apertura indica que la educación superior tiene que flexibilizar sus métodos de enseñanza. El futuro lo dirá, pero suponemos que habrá unos grandes maestros que enseñen su sabiduría de un modo más universal y, luego, estarán los docentes encargados de guiar un aprendizaje personalizado y de calificarlo.

En la reflexión por la mejora de la calidad educativa, recalcamos que la innovación educativa va a imponer una personalización del aprendizaje, es decir, que el docente enseñe a cada estudiante atendiendo a sus necesidades, según su capacidad de aprendizaje, respetando su modo de ser y prestando especial atención a sus circunstancias personales. Además, los docentes serán la garantía de lo aprendido por el estudiante, ya que les ayudarán a que sean capaces de aplicarlo de forma práctica. Por tanto, en el futuro posiblemente existirá un modelo de enseñanza compartido entre los grandes maestros universales que enseñen y los docentes que se encarguen de gestionar el aprendizaje de cada estudiante, porque son estos y no aquellos quienes educarán aplicando la personalización educativa. Este modelo de enseñanza universal quizá puede ser aplicado al mundo universitario, pero será más complicado en la etapa escolar porque es preciso unir el aprendizaje al desarrollo biológico de cada estudiante.

Es conveniente que el futuro de la educación se centre, como punto de partida, en cuáles son las cualidades personales de cada estudiante, tarea que debe recaer sobre el docente. Sin duda, sería optimo que el docente trate de personalizar más el aprendizaje, atendiendo a cada estudiante de un modo personal. Ellos sufrieron la carencia de una personalización educativa, por eso, no quieren que sus estudiantes sufran la misma privación. Además, el docente es conocedor de cómo puede guiar a cada estudiante, ya que se ha mejorado notablemente el conocimiento personalizado de cada estudiante, atendiendo a su realidad más cercana como quién es, cómo es, cuáles son sus circunstancias, cómo piensa y actúa, sin olvidar cómo siente y cuáles son sus emociones. Este profesional de la educación será más comprensible con la situación de cada estudiante porque empatizará con su historia personal. De algún modo, este docente es quién planteará problemas reales a los estudiantes y les ayudará a que los resuelvan.

Una convicción generalizada y compartida por el mundo académico es que tiene que cambiar el modo de evaluar, si lo que se pretende es la mejora de la persona y no solamente el logro del resultado. La escuela actual es garantista en cuanto al aprendizaje del conocimiento, ya que de modo cuantitativo pretende garantizar qué se ha aprendido, con calificaciones también cuantitativas. Sin embargo, parece más oportuna una evaluación más procesual que mida el esfuerzo realizado durante todo el tiempo que se ha trabajado y no tanto una evaluación que se centre, exclusivamente, en calificar el resultado final, sin tener en cuenta cómo se ha llegado a él. Por eso es preciso cambiar una evaluación resultadista por otra más de carácter cualitativo, como camino para llegar a la mejora personal de cada estudiante. Por tanto, el contexto actual de postpandemia ofrece una inexcusable oportunidad de repensar el modelo educativo y proponer un nuevo paradigma, centrado en la persona y en su desarrollo moral. ¿Significa esto que el actual sistema educativo soslaya esta cuestión fundamental? Simplemente, la considera secundaria y no prioritaria.

El cuarto ámbito que sugerimos que debería ser reflexionado, sobre todo tras el sufrimiento padecido durante la pandemia, son las relaciones personales. La experiencia vivida ha dejado un poso negativo, unido a la necesaria reflexión sobre qué es lo que merece la pena vivir. Sin duda, este periodo postpandemia es la ocasión de priorizar las relaciones sociales, pero no las superficiales o las interesadas, sino las verdaderas, las cimentadas en la amistad perfecta, como proponía Aristóteles, en querer al otro por ser quién es, en buscar solamente el bien del otro.

En relación con este nuevo reto que la pandemia nos ha brindado, conviene preguntarse si vamos a tener la audacia de modificar las estructuras sociales para ponerlas al servicio del ser humano para que todos aspiremos a alcanzar un mundo más humano y, por tanto, netamente mejor. Por desgracia existe el peligro de que esta crisis nos haya tocado solo tangencialmente y no haya removido lo profundo de nuestro modo de ser, aquello relacionado con dar sentido a todos nuestros actos. Hemos descubierto que no somos *masa*, como decía Ortega y Gasset, aceptando que es preciso dar sentido a cada acción y defender lo que de verdad importa.

No cabe duda de que este virus ha mostrado la vulnerabilidad del ser humano y, por ello, con mayor intensidad se va a anhelar la propia seguridad. Por eso existe un claro peligro en que todo lo que hemos vivido nos desnorte para priorizar la seguridad, olvidando que lo realmente valioso es la cercanía que aportan las relaciones humanas. El reto está en reflexionar qué tipo de valores necesita la sociedad actual y cómo se pueden promover.

La pandemia ha evidenciado que el modo de relacionarlos cada vez está más condicionado por los medios digitales. Esto se agudizará en las generaciones futuras, ya que la *generación Z* –los nacidos recién estrenados los 2000– está formada por personas que han *mamado* un mundo digital desde su nacimiento, que se diferencian de los *millennials* o *generación Y,* jóvenes nacidos a partir de los 80. La generación Z son personas *multitask,* capaces de realizar varias tareas al mismo tiempo, quizá porque han sido sobreestimulados desde temprana edad. Esta capacidad es debida a que el cerebro puede adaptarse a realizar diferentes facetas asociadas. Son más autodidactas, ya que tienen muy claro qué es lo que quieren aprender; si no es algo práctico o útil, no lo estudian. Incluso desprecian a quienes defienden la necesidad de memorizar. Les cuesta más escuchar al que está en el error. Son muy exigentes, ya que están acostumbrados a la inmediatez y tienen poca paciencia. Tienen menos comprensión con quienes no piensan como ellos. Sin embargo, son más solidarios porque son más activos socialmente. Por ejemplo, el estudio *Young People Omnibus* de Ipsos MORI[1] señala que, en Gran Bretaña, el 46% de los jóvenes entre 14 y 16 años aseguran haber dedicado tiempo a ayudar a personas de su comunidad en los últimos dos años, dato esperanzador, puesto que en 2005 era únicamente el 30%.

---

1. *https://www.ipsos.com/ipsos-mori/en-uk/young-people-omnibus-0*

En la actualidad, tenemos que atender a la nueva generación *Alfa*, quienes han nacido a partir de 2010. Se caracterizan porque ven el mundo a través de una pantalla, les gusta vivir el momento, el *carpe diem*, no asumen las reglas y buscan la eficacia, el resultado inmediato. Tienen un estilo de vida particular, ya que viven hiperconectados. Es preocupante la poca demanda de afecto, sintiéndose independientes al estar excesivamente conectados. Sin embargo, sí que es preciso darles ese cariño, aunque pueda parecer que no lo demandan. No tiene sentido que sustituyan el cariño paterno y materno por vivir eternamente entretenidos con las pantallas.

¿Cabe esperar algún cambio esencial de esta generación *Alfa*? ¿Podemos soñar con un mundo más justo? Este libro quiere subrayar que no es preciso buscar la solución fuera, pidiendo a otros las responsabilidades que nos atañen a nosotros. La solución está en valorar más la persona que cada uno somos. ¿Quién nos va a querer más que nosotros mismos? Por eso no conviene cansarse de anunciar que es necesaria una sociedad más humana, con medidas que contribuyan a la mejor gestión del desarrollo personal.

Mihaly Csikszentmihalyi, psicólogo y docente universitario, uno de los principales referentes en la psicología positiva, ha propuesto una psicología de la felicidad denominada *Flow*, centrada en el logro de experiencias óptimas como son, por ejemplo, los juegos, la música, el baile, ya que todas facilitan experimentar que somos realmente felices. Del mismo modo, estas soluciones emocionales, con propuestas como las que propone la psicología positiva, son necesarias y no se deben despreciar, pero conviene preguntarse si llegan al núcleo de la persona o solamente se quedan en un nivel sentimental como soluciones a corto plazo, que generan un bienestar emocional inmediato. Por eso, si no van acompañadas de un cambio real de conducta, volcada en darse a los demás, si no existe una conexión real con el epicentro de la persona pueden llegar a ser insuficiente y no lograr el principal objetivo vital que es la felicidad.

Es hora de dar más valor al *quién* que cada uno es y no tanto a aquello que somos, a lo que hacemos, a cómo pensamos o cómo nos sentimos. Con este libro quiero mostrar que el cambio tiene que estar centrado, precisamente, en valorar más *quiénes* somos. Por tanto, se quiere destacar que lo que incrementa la felicidad es aprender a disfrutar con quiénes somos, para estar a gusto con aquello que somos, con cómo somos emocionalmente, con lo que pensamos y creemos y con cómo actuamos. Por eso vamos a insistir en que el punto fundamental que la experiencia vivida de la pandemia nos debería dejar sería la imperiosa necesidad de cuidar la persona que cada uno somos. Además, la estabilidad emocional se logra si se atiende a la persona, al *quién* que cada uno somos, que es diferente del de los demás. Este libro va de eso, de romper una lanza ya, por fin, a favor de la persona y su desarrollo como tal, atender al *quién* que cada uno es y no quedarse exclusivamente en el nivel afectivo o conductual. Postulamos una felicidad más personal y no tan centrada en el mundo emocional.

Capítulo 1

La crisis del coranavirus nos situó fuera de nuestra zona de confort

1. ¿Qué hemos aprendido de la pandemia del COVID-19?

¿Por qué? ¿Por qué? Sigue resonando en nuestro interior la pregunta de para qué ha servido esta pandemia. Sin duda, sería idóneo no quedarse solo en lo superficial, lo cual es peligroso, ya que esta sociedad huye de todo sufrimiento, demostrando con esta paupérrima actitud una manifiesta incapacidad para aprender de los acontecimientos dolorosos. Por eso, hoy en día, se observa la pandemia como un mal a erradicar y se prefiere olvidar lo sucedido, dejándola atrás como una mala etapa. No obstante, es un error pensar que el coronavirus nos dejará y se irá. Eso no parece que sea del todo cierto. Este tipo de virus, con sus variantes, va a permanecer en nuestras vidas, al menos, lo que resta de este prometedor siglo XXI. Vendrán otras enfermedades contagiosas, otros virus que nos obligarán a tomar medidas drásticas.

Estos acontecimientos a nivel mundial deberían ser una oportunidad para reafirmar con mayor determinación la vigencia de la Declaración Universal de Derechos Humanos sellada en 1948, como sostiene José Enrique Ruiz-Domènec en su libro *El día después de las grandes epidemias*, publicado en 2020. Además, debería

ser una excelente ocasión para no cerrar este momento en falso,
ya que el mensaje emboscado del coronavirus es que los valores
del siglo XX, principalmente la codicia y la falta de escrúpulos de
algunos políticos, ya están obsoletos.

Slavoj Zizek en su libro *Pandemia. La covid-19 estremece al
mundo*, publicado en 2020, sostiene la necesidad de plantearnos
una pregunta esencial: "¿qué ha fallado en nuestro sistema para
que la catástrofe nos haya cogido completamente desprevenidos a
pesar de las advertencias de los científicos?". Es cierto que, si no
somos capaces de responder con solvencia a esta pregunta, quizá
el futuro no sea muy esperanzador porque la epidemia no nos ha
hecho más sabios.

Es curioso porque, en 2011, se estrenó la película *Contagio*, que
contó con el asesoramiento del experto epidemiólogo Ian Lipkin,
docente de la Universidad de Columbia, pero tampoco nos enseñó
nada porque no hemos sabido afrontar con suficientes garantías la
pandemia. Este filme se rodó con la firme intención de que pudiera ayudarnos a prevenir la situación de futuras pandemias como
la que hemos sufrido. Las cifras de la película son alarmantes, ya
que en EE.UU. mueren 2,5 millones de personas y 26 millones
en todo el mundo. Nada comparado con las cifras mortales de la
COVID-19, gracias a Dios.

Las numerosas sospechas de que la pandemia ha sido provocada desconciertan porque existe la incertidumbre de si algunas personas han manipulado la realidad para generar un cierto cambio
social. Por eso, la seguridad es un valor en alza en tiempos de pandemia, como resalta Adela Cortina en su libro *Ética cosmopolita.
Una apuesta por la cordura en tiempos de pandemia*, publicado en
2021. Sin embargo, sí que ha quedado un halo de sospecha sobre
cómo se puede manipular el futuro.

La pandemia demostró que vivimos en un mundo en el que
nada es totalmente previsible. Durante la pandemia se generó

una inquietante incertidumbre al carecer de una respuesta validada, sin un comportamiento pautado que proporcionara tranquilidad. Sin embargo, la enseñanza de los convulsos años vividos ha sido percibida desigualmente. Algunos se han empeñado en ignorar lo sucedido, implorando que vuelva la normalidad y deseando el fin de estos momentos sufridos como auténticas pesadillas. Otros siguen viviendo con una profunda desconfianza, pero la gran mayoría hemos pasado página, olvidando lo que sucedió.

Leopoldo Abadía, un ingeniero docente del IESE durante treinta y un años y padre de doce hijos, se hizo famoso por su libro *La Crisis Ninja y otros misterios de la economía actual*. El éxito le llegó ya con avanzada edad, alcanzó la fama porque se adelantó pronosticando la crisis financiera acontecida en 2008 y magistralmente explicada en ese libro. En otro libro editado en 2020 y titulado *Sonriendo bajo la crisis. Claves para dar confianza a un mundo angustiado* afirmaba que la pandemia actual no es solamente una crisis, sino que estamos ante un nuevo paradigma. ¿Por qué? Según él, porque se están cambiando las reglas elementales del juego de la vida y de las relaciones interpersonales, puesto que ya no son ni reglas ni elementales y, si nos descuidamos, el juego tampoco es ya juego.

Además, afirma que la crisis iniciada en 2008 no acabará nunca porque supone un cambio de modelo: es una nueva organización del mundo. Su análisis de esta situación se basa en que son varios los elementos que han provocado este *cambiazo* total: primero, el relativismo. Segundo, la ausencia de autoridad que ha provocado que tengamos una sociedad muy tecnológica, pero muy *blandita*, que todo son derechos y cero obligaciones. Tercero, la corrupción. Cuarto, el estado de mentira global, las *fake news*. Quinto, el respeto miedoso a lo políticamente correcto, sin reflexionar sobre quién decide lo que es políticamente correcto.

Sexto, la manipulada defensa de la libertad de expresión. Esta reflexión que nos propone este libro nos invita a preguntarnos si será cierto que estamos ante un nuevo cambio de paradigma a nivel mundial. Inmediatamente surge la pregunta: ¿quién controla ese cambio?

Comencemos señalando qué es lo que sí ha cambiado con la pandemia. Erich Fromm, en 1965, es el primero en denominar *Homo Consumens* al ser humano, en referencia a que lo observaba con una creciente tendencia a consumir cada vez más como un medio para compensar su vacío interior. En relación con este ávido deseo de consumir, durante la pandemia se ha evidenciado una cierta alteración en los hábitos de consumo. Por ejemplo, la compra de la alimentación de productos básicos se realizaba cada vez más de modo *online*, con la comodidad añadida de ahorro de tiempo porque, además, te lo traían a casa. En bastantes personas este hábito ha quedado arraigado y, llenos de comodidad, prefieren seguir recibiendo la compra en casa, sin necesidad de ir al supermercado.

Sin embargo, según el VIII Observatorio de Comercio Electrónico en Alimentación en el informe presentado en 2024, que ha sido elaborado por la Asociación Española de Distribuidores, Autoservicios y Supermercados (Asedas) junto a las Universidades Complutense y Autónoma, señala que hay tres tipos de consumidores: los *offline*, que prefieren la compra presencial, los *online*, quienes compran por Internet, y los *mix*, quienes alternan la compra *online* y la presencial. Este estudio sostiene que ha aumentado un 5% los clientes presenciales en el supermercado por varias razones. Primero, porque los motivos para elegir un supermercado son la cercanía, el surtido, la calidad y la confianza. También el tipo de compra condiciona si es presencial, ya que si se trata de elegir productos frescos como carne y pescado se confía más en realizar esa compra *in situ* y ver lo que se compra.

¿Cómo se ha modificado el hábito del consumo de la alimentación durante la pandemia? Un estudio de Ernst Young[2] de 2020 señalaba que el 35% de los consumidores no estaban preocupados por la pandemia, pero sí que mostraban preocupación por sus familias y eran pesimistas sobre los efectos a largo plazo de esta situación. El 27%, entre los más afectados por la pandemia, se manifestaban más pesimistas acerca del futuro y decidieron gastar menos en todas las categorías de productos. El 26% de los consumidores mantuvieron la calma y afirmaban que sus hábitos no habían cambiado ni lo harían en el futuro próximo, eran personas que no habían sido directamente afectadas por la pandemia. Mientras había un 11% que estaban muy preocupados por la pandemia, pero eran optimistas con el futuro y su intención era gastar más en cualquier género de producto.

Lo señalado es para la compra de alimentos, los hábitos de compra *online* de otros productos no obedecen siempre a estos patrones alimenticios. No obstante, el comportamiento de compra *online* se observa en la *generación Z* (los nacidos desde mediados de la década de 1990 hasta finales de los 2000) y también en la *Alfa*, la que sucede a la *generación Z*, puesto que pasan conectados más de diez horas diarias y prefieren realizar compras *online* que desplazarse a la tienda física o ir a las grandes superficies. En realidad, la venta *online* facilita que no sea necesario un encuentro cara a cara con el vendedor y sea más cómodo huir sin comprar y sin dejar evidencias del gusto personal.

En este sentido, Klaus Schwab, fundador del Foro Económico Mundial, y Thierry Malleret afirman en su libro *COVID-19: el gran reinicio*, publicado en 2020, que después de la pandemia las personas van a preferir pagar un poco más de

---

2. *https://www.ey.com/en_gl/consumer-products-retail/how-covid-19-could-change-consumer-behavior*

dinero para recibir las compras pesadas en su domicilio, dejando para establecimientos cercanos al hogar las compras más sencillas, que puedan ser realizadas de modo presencial. Por eso, se supone que los establecimientos que tengan una clara diferenciación en cuanto al tipo de productos que ponen a la venta tendrán más posibilidades de mantenerse. Por ejemplo, en el ámbito de la alimentación, las tiendas *delicatesen*, con productos que aportan un valor añadido por su rico sabor, su procedencia o su frescura pueden tener más facilidades para sobrevivir a la hiperglobalización, aunque habrá que ver cómo evoluciona esta tendencia.

Sin embargo, existe un halo de esperanza, tal y como señalan Klaus Schwab y Thierry Malleret en su libro, quienes dicen que en la sociedad postpandemia no serán bien acogidas en las redes sociales la publicación de fotografías lujosas de compras, en un alarde de vanidad, ya que la ostentación de la riqueza será rechazada y mal vista en un mundo acosado por el desempleo y las desigualdades. En cierta medida, no parece que esta conjetura se esté cumpliendo, ya que la recuperación postpandemia, en cuanto a datos económicos, ha sido relativamente fugaz. Hoy en día, ya se han recuperado los números anteriores a la pandemia en casi todos los países y en la mayoría de los ámbitos.

Zygmunt Bauman en su libro *Vida de consumo*, publicado en 2012, puntualiza que la actual sociedad de consumo ha inducido a que las relaciones interpersonales se hayan refundado a imagen y semejanza de las relaciones que se establecen entre los consumidores y los objetos de consumo. Según el sociólogo austriaco, el deseado sueño de esta indigente sociedad de consumidores es convertirse en un producto admirado por todos, ser alguien deseable y deseado. Perder el horizonte de lo que significa *ser persona* conlleva la renuncia a la propia dignidad, lo cual es sumamente preocupante como modo de vida.

Según lo apuntado, este excesivo consumo tiene sus daños colaterales. En este sentido, Bauman afirma que una de las características de la actual sociedad de consumo es el enaltecimiento de la novedad, unido a la degradación de la rutina. Se huye del aburrimiento y la fórmula utilizada es el perpetuo flujo de novedades. Todo es debido a que estar aburridos es una incomodidad que se convierte en estigma y que puede provocar la depresión, incluso también puede generar una conducta agresiva.

El consumo se ha visto alterado y ha girado siendo hoy más digital, pero ¿ha ayudado esta crisis sanitaria y económica a humanizar un poco más las relaciones humanas? Bauman destaca que las relaciones humanas se han convertido en actos moralmente neutros, *adiafóricos*, los llama él, porque se consideran indiferentes. Se ha exonerado a las personas de toda responsabilidad sobre el otro, sustituyendo en gran medida el calor humano de la relación de amistad, basada en el amor, por la simple gratificación recibida con la posesión de los objetos de consumo. Nos hemos olvidado, según Bauman, de toda la responsabilidad ética sobre cómo ayudar al otro a ser feliz.

Es interesante el análisis del estudio realizado por Barlovento Comunicación[3], en el que se analiza el total del consumo audiovisual, integrando información de Kantar (televisión) y Comscore (ordenador y móvil) con el fin de ofrecer datos significativos del *Share* audiovisual agregado. El análisis indica que los jóvenes de 18 a 24 años consumieron un promedio de 180 minutos al día de contenidos audiovisuales (octubre 2021). El 51,0% del tiempo a través del ordenador o móvil y el consumo de YouTube fue del 35,7%. Los adultos de 25 a 44 años consumieron una media de 230 minutos diarios. Los de 45 a 54 años un promedio de 284

---

3. *https://www.barloventocomunicacion.es/wp-content/uploads/2021/11/EL-ROSCO-del-consumo-audiovisual_Octubre-2021_Barlovento-Comunicacion.pdf*

minutos. Los mayores de 55 consumieron unos 363 minutos, en los que el consumo de la TV tradicional supuso el 90,4%.

En esta línea, otro estudio confirma[4] que los gastos para el consumo en entretenimiento habían descendido. En concreto, en 2020 se redujo el consumo en un 5,6% respecto a 2019, en este año ya se había reducido un 3%. Este es el peor dato de los últimos veintiún años[5]. Asimismo, el vernos obligados a permanecer encerrados en casa supuso un aumento de un 26% en la demanda del video *over-the-top* (OTT).

El confinamiento total sufrido en 2020 duró dos meses y los posteriores, que fueron parciales, alteraron mucho nuestras costumbres, provocando una rutina en el quehacer diario. Estas rutinas, unido al sentimiento de falta de libertad que impedían ir realizando lo que apetecía, generaron notables alteraciones en el estado de ánimo, lo que forjó una clara actitud negativa. No obstante, frente a esta situación adversa hubo palabras esperanzadoras de personas relevantes como el tenista Rafael Nadal, quien declaró la necesidad de ser positivos y optimistas, de no quejarse ante una situación particular vivida, ya que seguro que había otros que estaban sufriendo más porque habían perdido un ser querido, viéndose incluso privados de la posibilidad de decirle adiós.

2. ¿Cuál es el legado que ha dejado la pandemia?

Un ejercicio de memoria histórica indica que se reconocen cuatro pandemias: la gripe de 1918, de origen aviar, en la que murieron más de 20 millones de personas en todo el mundo. En 1957, otro contagio masivo fue originado por la aparición de un nuevo

4. *https://www.pwc.com/outlook*
5. *https://www.pwc.com/outlook*

patógeno por recombinación de aves y humanos. Se conoce como la gripe asiática, fue iniciada en China y fallecieron más de un millón de personas. Las cifras de la gripe estacional, según datos de la OMS, puede llegar a afectar a unos mil millones de personas y causa entre 290.000 y 650.000 muertes anuales por complicaciones derivadas de la infección viral, sobre todo en menores de cinco años. En 1968 hubo otra tercera pandemia, la gripe de Hong Kong, en la que murieron de uno a cuatro millones y se calcula que se contagiaron unos 15 millones de personas. Sin embargo, no hubo restricciones. La cuarta fue la pandemia de 2009, que se conoce como la gripe A. Se calcula que hubo unas 285.000 muertes en todo el mundo.

El papa Francisco en su libro *Soñemos juntos*, publicado en 2020, diferencia entre contacto y conexión. La realidad es que durante la pandemia la tecnología permitió romper la barrera de la distancia y conectar con personas lejanas, pero el contacto físico sigue siendo una necesidad del ser humano. La postpandemia ha sido una vuelta a la normalidad respecto al contacto físico.

Sin embargo, lo realmente sustancial es qué hemos aprendido de situaciones como la vivida en 2020 con la irrupción del coronavirus. ¿Habrán aprendido los gobiernos a gestionar una futurible pandemia mundial más violenta y mortal que la pasada? Un análisis de lo vivido confirma que los datos negativos muestran que la respuesta ha sido insuficiente, tardía y con una eficacia relativa. Lo transcendental sería ver si seremos capaces de diseñar protocolos adecuados para solventar situaciones similares a la sufrida. Sin embargo, la incertidumbre generada con la desigual gestión de los diferentes gobiernos deja excesivas dudas de que se haya aprendido a gestionar este tipo de circunstancias adversas.

Francisco Mercado, un periodista dedicado a la investigación, ha escrito el libro *Una pandemia de errores. Cómo y por qué la mala gestión del Gobierno convirtió a España en campeona mundial del coronavirus*, publicado en 2020. El autor muestra la negligencia en el inicio de la gestión de la pandemia cuando los datos que venían de otros países confirmaban la necesidad de tomar urgentes decisiones. Según él, la solución definitiva para resolver otras futuras pandemias no es una simple cuestión de cuánto dinero se destina a la Sanidad, ya que Portugal invierte 1.695 euros por habitante, mientras que España dedica 2.221 euros. Sin embargo, en el país vecino fueron capaces de contener la primera ola de la pandemia de un modo más eficaz.

Lo más preocupante es la deshumanización que puede afectar al ser humano tras lo acontecido con la pandemia. El papa Francisco, en su carta apostólica *Evangelium vitae*, usa un término aterrador para describir una triste realidad instalada en nuestra sociedad: la *cultura del descarte*. Según él, este malévolo peligro se sigue promoviendo por la cultura actual. Además, también denuncia que hemos pasado de una cultura de la explotación del más débil, aprovechándonos de él como, por ejemplo, el uso de niños en países en subdesarrollo como mano de obra barata o la explotación que el hemisferio norte ejerce sobre los recursos en tierras del sur. Esto es una clara exclusión que la sociedad occidental ejerce sobre las personas de la periferia. El cambio es significativo porque ya no se *explota* a los excluidos, sino que, simplemente, se les desecha como *sobrantes*. Frente a esta grave y perversa situación, el papa Francisco ha propuesto, a lo largo de su pontificado, una *cultura de la acogida*.

Lo apuntado por el papa es algo tan real que todavía seguimos leyendo noticias que nos dejan muy helados por la creciente indolencia ante lo sufrido por otra persona. Esto es algo que, por desgracia, se está convirtiendo en una triste realidad palpable. Un ejemplo de esta cínica indiferencia es lo sucedido el 19 de enero de 2022 cuando el fotógrafo suizo René Robert falleció congelado en una calle de París a los 84 años, después de permanecer tirado en el suelo unas horas y sin que nadie lo auxiliara. ¿Hasta qué punto ha llegado la deshumanización de este mundo impasible? ¿Seguiremos siendo, en el futuro, tan selectivos con nuestro afecto o, por el contrario, el sufrimiento de la pandemia nos va a ayudar a desterrar esta indiferencia que puede llegar a convertirse en una deshumana desvergüenza?

Un preocupante problema del siglo XXI es la soledad, probablemente, sea la más grave contrariedad. Hasta que llegó la pandemia pensábamos que esta severa dificultad afectaba solo a los mayores. Sin embargo, el alarmismo ha crecido porque es un mal que ha invadido el bienestar de adultos y también de jóvenes que se sienten solos. Paul Auster en su libro *Viajes por el Scriptorium*, publicado en 2007, de total actualidad, presenta a su personaje Míster Blank, quien se encuentra atrapado en una minúscula habitación, sin conocer los motivos de su encierro. Magistralmente Auster desencadena una trama que consiste en cómo el señor Blank va reconociendo quién es a través de diferentes personajes que le van visitando y que le permiten recordar vagamente cómo fue su pasado. Con independencia del verdadero motivo que inspiró a Auster a escribir esta novela de ficción, en la que el protagonista toma parte en la trama, proponiendo un final, obligando, de esta manera, al escritor a tomar partido por lo que Míster Blank le propone. No obstante, lo verdaderamente atractivo de este libro es el sentimiento de injusticia que el señor Blank padece, unido a que al día siguiente no recuerda nada de lo acontecido el día anterior. De este modo se ve envuelto en una situación de la que difícilmente podrá salir.

Esta historia de Paul Auster recuerda a la novela de Albert Camus, quien escribe *El mito de Sísifo*. Maravillosamente desde la primera línea plantea que el verdadero problema vital que todos padecemos es juzgar si la vida vale la pena ser vivida. Este es un asombroso ensayo sobre lo absurdo que es el suicidio como evasión de la fría realidad, ya que los monótonos días, sin brillos, subsisten por el porvenir que queda por vivir. Camus, en este libro, afirma que "este mundo, en sí mismo, no es razonable. Pero lo que resulta absurdo es la confrontación de ese irracional y ese deseo desenfrenado de claridad cuyo llamamiento resuena en lo más profundo del hombre". Sin duda, pervive en el interior del ser humano un deseo de conocer y de dar sentido al acontecer personal y al transcurrir mundano. Por eso, según Camus, lo más irracional es un hombre sin esperanza consciente de no tenerla.

¿Este mundo produce hastío? La novela *la habitación vacía: aprende a convivir con la soledad*, publicado en 2011, cuenta la vida de Chris McCandless, un joven de 24 años, quien cansado de la vida inicia un viaje por las frías tierras de Alaska. Antes había decidido regalar todo su dinero porque soñaba con una vida plena en un ambiente más natural. Había donado todo su dinero y abandonado su coche porque fantaseaba con una vida en estado salvaje. Sin embargo, cuatro meses más tarde de esa ruptura con el mundo, unos cazadores encontraron su cuerpo sin vida. No deja de ser una historia más, pero el reportaje realizado por Jon Krakauer suscitó interés por la vida de este aventurero. Además, antes de apartarse del mundo, Chris McCandless escribió a un amigo: "No eches raíces, no te establezcas. Cambia a menudo de lugar, lleva una vida nómada... No necesitas tener a alguien contigo para traer una nueva luz a tu vida. Está ahí fuera, sencillamente". ¿Qué moraleja nos quiso dejar este joven? Es preciso aprender a ser feliz porque esta vida sí que merece la pena ser vivida.

¿Qué significa sentirse solo y padecer la soledad? Al respecto, Javier Yanguas, en un estudio encargado por la Fundación de la Caixa y presentado en 2020, distingue entre la soledad social y la emocional. La primera se refiere a la ausencia de relaciones interpersonales estables y la falta de confianza en las mismas, mientras que la segunda es más profunda porque se manifiesta en un vacío interior que puede convertirse en angustia. El estudio resalta que las personas que afrontan la vida de modo proactivo y con optimismo son las que menos soledad padecen. Además, señala que el 20% de las personas entre veinte y cuarenta años están en peligro de aislamiento social como consecuencia de la soledad.

El dato de que la soledad es también un problema que afecta a los más jóvenes es una realidad ante la que no cabe huir o encogerse de hombros. A pesar de que las redes sociales han posibilitado estar en contacto con más personas, eso no significa que uno deje de sentirse solo. Lo cierto es que las redes sociales están llenas de fotografías alegres e historias apasionantes que muestran una vitalidad plena. Por eso es raro que alguien publique fotografías que muestren sus sentimientos negativos. Sin embargo, quien experimenta en su vida real tristeza choca con la realidad que palpa en las redes sociales y eso le puede provocar un desgarro interior al sentirse desplazado y no integrado en una sociedad en la que solo vale mostrar que uno está divirtiéndose y es feliz. En este sentido, la pandemia sirvió para visualizar que todos sufrimos, que a todos nos afectan las dificultades y que no todo es maravilloso. Sin embargo, al regresar a la normalidad postpandemia no hemos aprendido que lo ciertamente enriquecedor son las auténticas relaciones humanas basadas en la ayuda mutua.

En Francia, según los datos apuntados por la *Mutualité sociale agricole* (MSA, Mutua social agrícola), responsable de la seguridad social de los agricultores franceses, se confirma que en 2019 aumentó el número de suicidios entre los agricultores superando la media entre 2015 y 2019 que estaba en 370 agricultores por año. ¿Cómo es posible que en una sociedad símbolo del progreso el número de suicidios aumente? En 2014, la OMS realizó lo que sería el primer informe sobre el suicidio, considerándolo como una prioridad de salud pública. Este informe titulado *Prevención del suicidio: un imperativo global* subraya la necesidad de atender a esta realidad, que tiene que dejar de ser tabú y se debería prevenir como una prioridad especial de orden mundial.

En 2016 el suicidio fue la segunda causa principal de defunción en personas entre quince a veintinueve años a nivel mundial. Es cierto que los datos de la OMS confirman que el 79% se producen en países de ingresos bajos y medianos. En relación con esto, la ONU presenta datos que señalan que antes de la pandemia de COVID-19 la depresión y la ansiedad costaban a la economía mundial más de un billón de dólares al año. Profundizando en los datos, la depresión afecta a 264 millones de personas en todo el mundo, aproximadamente la mitad de estos problemas de salud mental se manifiestan a partir de los catorce años. Lo cierto es que el estrés que la pandemia generó impidió que una gran parte de las personas con problemas de salud mental encontrarán esperanza para salir adelante.

En Canadá un informe desveló que durante la pandemia aumentó un 20% el consumo de alcohol entre la población de 15 a 49 años. Este es otro problema anejo al suicidio juvenil, que no es consecuencia del coronavirus, puesto que ya existía previamente. Sin embargo, la pandemia ha despuntado otros problemas de índole social que están demandado soluciones apremiantes. Es preciso insistir en que estos problemas no son producto del coronavirus porque estaban presentes en nuestro acontecer diario. Sin embargo, a consecuencia del virus han despuntado de modo más patente. Por ejemplo, es deseable una mayor cooperación entre los políticos, quienes todavía están ensimismados con disputas partidistas. Esta crisis sanitaria ha evidenciado que uno de los graves males que ha dejado la pandemia ha sido la falta de transparencia en la información y, sobre todo, la manipulación informativa, que es cada vez más corriente y sencilla. También seguimos careciendo de una justa distribución de los bienes, sabiendo que la pandemia ha acrecentado las desigualdades.

Emanuele Coccia, filósofo italiano y docente en la universidad de Friburgo, señala que el auténtico reto que deja la pandemia es gestionar el cambio cultural generado por la situación que nos ha tocado vivir. La pandemia ha provocado que un mayor número de personas quiera retomar el contacto con la naturaleza en lo que puede interpretarse como una huida de la ciudad, visualizada como un excesivo cúmulo de ruido y de contaminación.

Coccia plantea una interesante reflexión en torno a por qué las casas están edificadas como si todavía estuviéramos en el siglo XIX. En aquella época las casas eran edificadas con el fin de salvaguardar la privacidad familiar. Sin embargo, en la actualidad, la casa, con la multiplicidad de conexiones, se ha convertido en el centro de trabajo y será, probablemente, el punto de encuentro de muchas amistades.

En relación con la elección del lugar para desarrollar las relaciones interpersonales, Coccia destaca que el centro de la convivencia se ha desplazado al hogar. Por eso es preciso que la casa esté preparada no sólo para vivir con comodidad, sino que debería invitar a compartir para acoger las relaciones humanas. Esto confirma la necesidad de repensar los actuales modelos de cohabitación. En este sentido, Coccia afirma que esta es una gran oportunidad para diseñar ciudades más amables para la convivencia humana. ¿Habrán tomado nota de esta inquietud los políticos?

Sin duda, la postpandemia nos está otorgando la gran oportunidad de transformar los hábitos de nuestra vida social. El ser humano es sociable y para los españoles el bar es el punto de encuentro, el lugar en el que se vive la sociabilidad. Por eso la drástica decisión de cerrar los bares durante la pandemia significó lanzar un mensaje negativo porque suponía *robarnos* parte de la propia intimidad. Tras la pandemia se necesitan lugares más amplios, más abiertos, en los que haya más seguridad. Por ejemplo, parece que cada vez serán más apreciadas las terrazas de los bares y el encanto con el que estén diseñados estos espacios. El interior del bar será un sitio para refugiarse del frío, pero los jóvenes van a preferir la sociabilidad en espacios más abiertos.

¿Cómo es la vida postpandemia? En este sentido, Nicholas Christakis, médico y docente de Ciencias Sociales y Naturales de la Universidad de Yale, publicó en 2021 el libro *La Flecha de Apolo: el impacto profundo y duradero del coronavirus en la forma en que vivimos.* Este autor sostiene que el análisis histórico de lo sucedido en otras pandemias anteriores nos permite concluir que a partir de 2024 vendrá un tiempo de liberación y de desenfreno en el que la gente gastará el dinero que no ha podido durante estos años. Según él, en 2024 se iniciará realmente el periodo de la postpandemia. A pesar de que no está claro que eso sea así, realmente, puesto que no todo el mundo tiene un poder adquisitivo alto que pueda permitirse lujos. Es cierto que en 2021 el gasto de viajes y turismo bajó ostensiblemente, pero aumentó el de las ventas *online* y la inversión en el ocio, con la proliferación de suscripciones a plataformas para ver películas.

Otro dato significativo es que en tiempos de pandemia parece que la gente recupera un sentimiento religioso. No obstante, esto contrasta con los datos del CIS que en marzo de 2021 indica que el 60% de la población se consideraba creyente católica, mientras que un 36,2% se denominaban ateos y no creyentes. El laicismo va creciendo y esto indica que sea infrecuente que alguien manifieste sus creencias en público. No obstante, durante el tiempo de pandemia, según un estudio publicado en *Los Angeles Times*[6], el 50% habían acudido a la oración y habían rezado a Dios para que se acabara esa grave enfermedad.

6. *https://www.latimes.com/espanol/california/articulo/2020-03-16/creelo-o-no-mas-gente-se-inclina-a-la-oracion-contra-la-pandemia-del-coronavirus*

Las circunstancias vividas nos obligaron a modificar algunos hábitos en nuestras relaciones sociales y en la elección de los lugares para desarrollarlas. Asimismo, es el momento de un giro copernicano en la edificación de las casas, puesto que se compartirán espacios íntimos con otros más abiertos que permitan el encuentro con las amistades. Probablemente, las casas deberán contar con habitaciones que faciliten una cómoda intimidad, pero se demandará un espacio más amplio que sirva de encuentro, principalmente, una terraza o una sala de estar espaciosa. Es pronto para ver si esto será así o si todo seguirá como hasta ahora.

3. El impacto emocional sufrido en la pandemia: miedos y heridas

El coste emocional de la pandemia ha sido elevado. La ruptura de las rutinas, unido a las trabas para mantener el contacto físico en las relaciones humanas dificultó un desarrollo emocional estable. Es una permanente sensación como si el suelo que pisamos se estuviera moviendo, aunque es algo ajeno a nuestra voluntad, lo que acentúa la impresión de inestabilidad. Los sucesivos confinamientos padecidos nos introdujeron en un inconstante estado de pasividad, lo que supuso contar con más tiempo en soledad para vivenciar las experiencias emocionales. Sin duda, fueron numerosas situaciones novedosas que no fuimos capaces de controlar limpiamente, lo que forjó una transparente percepción de ansiedad.

¿Cuáles son las sensaciones que provocó la pandemia? Son varios los miedos surgidos, algunos de los cuales van a perdurar; las fobias sociales van a instalarse en las relaciones interpersonales. Sin duda, ha crecido la agorafobia de estar en espacios internos. Los datos confirman que casi un 5% de la población española ha tenido algún episodio psicológico relacionado con la agorafobia en algún momento de su vida. Una situación embarazosa será el hecho de que alguien estornude sin taparse la boca en un sitio cerrado porque será escrutado con la mirada, notando cómo una masa le mira, increpándole con un incómodo silencio acusatorio de su insolidaria actitud. Está claro que el coste emocional padecido durante la pandemia fue desigual porque dependió de cómo nos afectaron los diferentes sucesos y del particular modo de asimilar cada experiencia.

Esta pandemia evidenció que no estábamos preparados para afrontar situaciones que suponían un cambio sustancial. Esta falta de preparación nos tocó la línea de flotación. En un mundo en el que destaca la prisa y la huida de la insulsa sensación de inmovilismo, vernos encerrados en casa con la limitación de movilidad socavó nuestro bienestar emocional. En relación con esto, la pandemia nos mandó un claro mensaje para cuestionarnos sobre a qué dedicamos el tiempo, en qué invertimos las energías y cuáles son los ideales o ilusiones que tenemos.

Es cierto que el confinamiento redujo la actividad física y el movimiento; en muchos casos pecamos de *sedentarismo*. Fue una extraordinaria ocasión para invertir tiempo en el cultivo por uno mismo con la lectura de libros o disfrutando, sin prisas, de lo cotidiano. Ojalá el inhumano confinamiento de marzo a mayo de 2020 haya sido útil para valorar lo realmente transcendental, los pequeños acontecimientos habituales: tomar un café, dar un paseo, disfrutar del sol sentado en una terraza, contemplar las olas del mar.

Esta aciaga situación trastocó nuestro común modo de actuar afectando directamente a algunos hábitos, por ejemplo, ahora teletrabajamos mucho más que antes. Esto implica que tenemos que organizarnos el tiempo de modo diferente. Se reduce el tiempo del traslado al trabajo y el invertido en la oficina y en las relaciones con los demás. Los descansos en la oficina se focalizaban en tomar un café con algún compañero en comentar algún asunto, etc. Ahora desde casa, con el teletrabajo, esto ha variado ostensiblemente.

La pandemia fue un camino para crecer en el conocimiento propio, una oportunidad para asomarnos a nuestro interior, adentrándonos en el proceloso mundo de los propios pensamientos e imaginaciones para aprender a gestionar situaciones novedosas. Fue una gran ocasión para conocernos mejor, de romper el miedo a bucear dentro de nosotros para descubrir realmente quiénes y cómo somos. El confinamiento permitió estar más tiempo a solas con nosotros mismos, fue un gran momento para aprovechar esta experiencia en positivo. ¿Qué aprendimos sobre nosotros mismos durante la inesperada pandemia?

Asimismo, la pandemia ha sido una buena oportunidad para visibilizar las reacciones emocionales y conocerlas un poco mejor. El problema es que la incertidumbre sufrida trastocó nuestras emociones, ya que durante ese tiempo no estuvieron focalizadas en las relaciones humanas, sino en lo que estaba aconteciendo. Sin duda, la postpandemia es un momento de aprendizaje para valorar lo que nos pasa con otro prisma diferente, alejado de la dupla seguridad-inseguridad.

En este sentido, las noticias tan negativas en la televisión a lo largo de la pandemia estimularon un exceso de alarmismo, lo que significó padecer una profusa negatividad. Por eso, la salvación a este incesante dramatismo es mirar lo positivo. Ojalá que la postpandemia nos enseñe a mirar con otros ojos porque puede ser una gran oportunidad para aprender a fijarse en lo positivo.

¿Cuál es la huella psicológica que ha dejado el COVID? En cuanto a la ansiedad, un mal claramente existente durante la pandemia arroja datos alarmantes. Al respecto, cabe señalar que no hay suficiente cobertura en la salud pública para este problema y la mayoría que padecen este mal en España tienen que optar por ir a la sanidad privada. Los datos de 2019 confirman que en España había 5.129 casos de ansiedad por cada 100.000 habitantes y 5.714 de depresión[7]. Al respecto, un informe previo[8] de 2017 sostenía que la falta de diagnóstico y de un tratamiento adecuado podían ser las causas de que, realmente, la tasa de suicidios fuera tan alta. El problema es la baja ratio de psicólogos porque en España la ratio es de 20 por cada 100.000 habitantes. Por tanto, no hay suficientes psicólogos clínicos para la demanda. Además, existe un problema añadido que es la falta de transparencia en los datos de pacientes tratados y cuál es el tiempo de demora en atender a las personas en situaciones críticas y con extrema necesidad.

Datos más recientes de un estudio de 2023, elaborado por la Confederación SALUD MENTAL ESPAÑA y la Fundación Mutua Madrileña, titulado *La situación de la Salud Mental en España* destaca que un 47,2% de los encuestados señala que ha padecido alguna vez un ataque de ansiedad o pánico y un 42,1% afirma haber sufrido una depresión en algún momento de su vida. Además, un 18,9% consume habitualmente algún tipo de psicofármaco, en un 61,9% son ansiolíticos y en un 47,2% son antidepresivos.

No hay duda de que la pandemia generó una turbadora sensación de incertidumbre, puesto que surgieron dudas sobre qué hábitos cambiar y cuáles eran las razones para ello. Las anómalas circunstancias sobrellevadas golpearon con intensidad nuestra comodidad, sacándonos de la zona de confort, del cómodo lugar que facilita desalojar el *cancerígeno* estrés. Salir de esta cómoda zona implica sentirse despojado de la seguridad respecto a cómo actuar. Esta serena zona, repleta de comodidad, se convierte en anodina y gris, aunque esta percepción depende del propio temperamento personal y de la evolución del carácter. La comodidad conlleva

7. *http://ghdx.healthdata.org/gbd-results-tool*
8. *https://ec.europa.eu/health/sites/health/files/mental_health/docs/2017_depression_suicide_ehealth_en.pdf*

que uno se sienta como en una burbuja, perfectamente protegido, sin que su autoestima sufra mucho. Sin embargo, esta excesiva comodidad puede acristalar un estado mental que dificulte el crecimiento personal, puesto que uno se estanca en su personalidad al no generar nuevas expectativas de mejora personal al temer afrontar nuevos retos.

Un estudio publicado en la revista *Lancet* en 2020[9] señalaba que los síntomas de estrés postraumático eran la confusión y la ira. Al respecto, la falta de información clara y precisa por las autoridades sobre cuál debía ser la mejor manera de resguardarse del contagio generó bastante incertidumbre y estrés. A este respecto, se encuadran varios comportamientos relacionados con el confinamiento. Por ejemplo, el 54% evitó el contacto con personas que tosían o estornudaban, el 26% evitaron permanecer en lugares cerrados y concurridos y el 21% evitó los espacios públicos en las semanas después del período de cuarentena. También se iniciaron conductas de evitación de riesgos como un lavado permanente de las manos para evadir contactos y evitar contactos masivos. No obstante, estas conductas han desaparecido, pero qué ha quedado de todos estos hábitos de pulcritud y de escrupulosa higiene.

Además, el confinamiento generó una inquietante confusión al soslayar la distinción entre aburrimiento y depresión. La diferencia es nítida porque los síntomas de la depresión son claramente diferentes a los del aburrimiento. Por ejemplo, el deprimido siente una angustia permanente, baja autoestima, sensación de que todo le sale mal, incluso una creencia de que le invade una constante incapacidad para obrar lo habitual. Es como un dolor agudo interno unido, en muchos casos, a una crisis nerviosa o de ansiedad.

9. Brooks, S. K., Webster, R. K., Smith, L. E., Woodland, L., Wessely, S., Greenberg, N. y Rubin, G. J. (2020). The psychological impact of quarantine and how to reduce it: rapid review of the evidence. *Lancet*, 395, pp. 912–20.

Mientras que el aburrido quizá no sabe gestionar bien las emociones de activismo frente a la vaga sensación de inactividad. La ruptura de la rutina o el enfrentarse a la situación de verse privado de la realización de actividades al aire libre es una sensación que algunos han podido identificar con depresión, aunque sean realidades netamente distintas.

El aburrimiento surge con la pérdida de interés o porque la actividad que genera diversión no se puede llevar a cabo. Pamela Paul en su libro *100 Things We've Lost to the Internet*, publicado en 2021, indica que Internet dificulta descubrir qué es el aburrimiento. En este sentido, la pandemia ha sido una oportunidad para aprender a gestionar nuestros ratos libres. Está claro que se ha alterado el ocio, pero quizá no hemos sido capaces de aprender a estar solos. A lo mejor el error está en creer que el silencio aburre o que la inactividad es sinónimo de aburrimiento. Esto es tan equívoco como pensar que el activismo es sinónimo de éxito o de plenitud en el bienestar emocional. El ruido tapa nuestro silencio, suprimiendo la oportunidad de escucharnos y de afrontar lo que nos pasa.

¿Qué secuelas emocionales ha dejado la pandemia? La principal es la fatiga pandémica, una especie de agotamiento emocional ocasionado por un estrés mantenido en el tiempo, agravado por la incertidumbre que afecta a toda la sociedad en su conjunto y no exclusivamente a unos individuos. Esto lo padecimos durante el 2021, pero ahora qué secuelas han permanecido. No está claro, aunque lo más significativo es que quienes estuvieron hospitalizados puedan sufrir algunas consecuencias psicológicas. Además, es preciso ver cómo va a funcionar nuestro cerebro y cuáles van a ser las reacciones ante esta fatiga emocional.

Por ejemplo, durante la pandemia se redujo el contacto estrecho, llegando incluso a provocar algunas obsesiones respecto a cómo reducir los contactos físicos. Es cierto que esto ocurrió más durante las primeras olas, cuando se consideraba que la variante delta del COVID se contagiaba por el contacto con superficies. Sin embargo, investigaciones posteriores confirmaron que no era así, como la realizada por Dyani Lewis, quien en un artículo publicado en la prestigiosa revista *Nature,* en 2021[10], señaló que el riesgo de ser contagiado por contactos con la superficie era realmente, mínimo. Esto implicaba también que el contagio causado por un abrazo leve, con precauciones, era bajo. No obstante, la sospecha o la desconfianza se instaló y nos privó de la libertad de mostrar el cariño y el afecto a través de las caricias o los abrazos. Felizmente hemos recuperado la normalidad y ahora son más numerosas las muestras de cariño: parte del legado positivo que ha dejado la pandemia.

Daniel Innerarity en su libro titulado *Pandemocracia. Una filosofía de la crisis del coronavirus,* publicado en 2020, habla de la importancia de la gestión del riesgo. Según él, el riesgo es multifactorial porque depende de diversos fatores como las condiciones personales (salud, sexo, edad), las del trabajo, el transporte que se usa para ir a trabajar, lugar de trabajo, distancia con los demás y el grado de relación con sus compañeros en el trabajo. También es preciso tener en cuenta los contextos en los que nos movemos.

Los médicos están preocupados también por las secuelas que puedan tener los niños nacidos durante la pandemia, los *pandemials* o *cuarentenials.* Asimismo, también preocupa las consecuencias que puedan sufrir los niños pequeños que padecieron la reclusión, sobre todo conocer cuál es el impacto en el desarrollo social y emocional. Después de esta situación de encierro se observó que los niños sufrían inseguridad y miedo que provocaba que no quisieran alejarse de sus padres.

10. Lewis, D. (2021). COVID-19 rarely spreads through surfaces. So why are we still deep cleaning? *Nature,* 590(7844):26-28. doi: 10.1038/d41586-021-00251-4

En conclusión: ¿hemos superado ya, totalmente, la pandemia? Es oportuno no soslayar el periodo de cicatrización, puesto que nadie se va a curar de esta insana enfermedad que podría denominarse *pandemiamitis*, aunque pasen los efectos, ya que la huella psicológica va a perdurar un tiempo, aunque se desconoce cuánto.

4. Ante tanta incertidumbre imperante ¿estamos preparados para ser felices?

Esta pregunta no es baladí, ya que no ponemos la suficiente atención en la felicidad ni en el aprendizaje familiar ni en el escolar. No está incluida en el currículo escolar, ni los padres saben cómo enseñar a sus hijos a ser felices. Si bien los padres han optado por suprimir todo sufrimiento de las vidas de sus hijos y se han imbuido del concepto de *felicidad* entendido como bienestar subjetivo. Por eso se acepta que es feliz quien no sufre y gestiona bien sus emociones negativas, priorizando las positivas, tratando de incrementar este tipo de emociones frente a las negativas. La principal emoción positiva es la alegría, pero ¿qué significa estar alegre?, ¿cómo fomentar la alegría?

El psiquiatra Robert Waldinger, docente de Harvard, ha culminado un estudio longitudinal que comenzó en 1938 y que ha durado cerca de 80 años. Este estudio se inició con más de 700 jóvenes de diferentes estratos sociales. Los resultados muestran que la felicidad no la da ni la fama ni el dinero, sino los vínculos afectivos, las relaciones personales. La clave está en crear vínculos personales plenos y estables. A pesar de que Waldinger muestre a sus estudiantes los resultados de su investigación, cuando estos son preguntados por cómo conseguirán la felicidad el 50% responde que con la fama y el 80% con dinero. ¿Están realmente equivocados estos jóvenes?

Gilles Lipovetsky en su libro *La felicidad paradójica*, publicado en 2010, elabora un magnífico ensayo sobre la sociedad del hiperconsumo. En él señala que la búsqueda de la felicidad se ha puesto bajo el amparo de los fármacos, aumentando la *farmacopea de la felicidad*. La fluoxetina es la píldora de la felicidad, cuyo efecto es aumentar la serotonina, la sustancia que segrega el cerebro de modo natural y que contribuye al equilibrio mental. Este medicamento ha sido utilizado como solución para terminar con las depresiones y para los trastornos de ansiedad, lo que ha supuesto que se haya convertido en el medicamento más vendido. ¿De verdad creemos que somos capaces de fabricar pastillas que nos den la felicidad? ¿Qué concepto tenemos de felicidad?

¿Qué relación hay entre felicidad y depresión? Parece que son términos antagónicos y que estar deprimido es una clara manifestación de infelicidad. En algunas personas, durante la pandemia, se alternaron síntomas de ansiedad y depresión, con incesantes altibajos. La pandemia ha sido un provechoso máster para el aprendizaje en la gestión de la ansiedad. En cuanto a la depresión, nos preguntamos cuál es la relación de esta con el funcionamiento cerebral. El cerebro humano es una compleja red de conexiones entre los aproximadamente 100.000 millones de neuronas. Sin lugar a duda, estas conexiones generan sentimientos que afectan al rendimiento laboral. Los mensajes viajan de una neurona a otra a través de los neurotransmisores, aunque se puede influir aumentando o disminuyendo la acción de estos neurotransmisores, como señala Richard Layard en su libro *La felicidad. Lecciones de una nueva ciencia*, publicado en 2005. Asimismo, conviene saber que la dopamina y la serotonina son los dos principales neurotransmisores que afectan al bienestar mental. La depresión se mitiga con un aumento de serotonina, que es el efecto que provoca el medicamento del Prozac.

Lou Marinoff ha escrito un libro que ha resultado ser un bestseller *Más Platón y menos prozac*. Este autor recalca que el método de la filosofía es válido para lograr un equilibrio interior. Se trata de aprender a afrontar los problemas, dificultades y barreras de la vida de un modo más reflexivo. Al mismo tiempo es pertinente el aprendizaje de soluciones profundas, sin querer arreglarlo con una solución intermedia, que puede ser válida a corto plazo, pero que, por no ir a la raíz del problema, será insuficiente en el futuro.

En relación con esto, Edgar Morin en su libro titulado *¿Hacia el abismo?* *Globalización en el siglo XXI* afirma que el mito de la felicidad está en crisis porque, unido a los productos positivos de la felicidad, hay otros subproductos negativos como la fatiga, el abuso de psicotrópicos o las drogas y, sobre todo, el individualismo que produce soledad y tristeza.

Generalmente, las ayudas psicológicas que se reciben, en la actualidad, se centran en lo emocional. Es cierto que levantar el ánimo es una medida eficaz, aunque puede resultar cortoplacista. Por eso proponemos una solución a largo plazo que sirva para mejorar la actitud y guie un comportamiento más humano. Al respecto, cabe señalar que cualquier solución debe estar en relación con el sentido de la vida, con la felicidad. El ser humano está constituido de afectividad, inteligencia y voluntad como potencias de la esencia humana y es una persona. Por eso, las auténticas soluciones tienen que plantearse desde el punto de vista personal, que contribuyan al crecimiento personal y que, por tanto, faciliten ser más feliz, evitando el cortoplacismo.

El informe *World Happiness Report* de 2020 es una encuesta que recoge el grado de felicidad que los ciudadanos perciben de sí mismos midiendo el bienestar subjetivo, atendiendo a cómo se combinan los entornos sociales, urbanos y naturales y cómo afectan a la felicidad. En este estudio se señala cuáles son los diez países más felices del mundo. Dinamarca es el segundo país en indicadores de bienestar y alegría, mientras que el más feliz, por tercer año consecutivo, es Finlandia. Mientras que el tercero es Suiza. ¿Es creíble que los más felices del mundo son los finlandeses cuya tasa de suicido es mayor que la media mundial? Los datos de 2021 confirman que, en Finlandia, la tasa de suicidios es de 13,48 por cada 100.000 habitantes, notablemente superior a la media mundial, que es de 9,11.

El sociólogo Bauman en su libro *¿La riqueza de unos pocos os beneficia a todos?*, publicado en 2022, señala que el mensaje de la sociedad actual es que el camino de la felicidad se basa en lo que cada uno es capaz de gastar cuando va de compras. De este modo, se cree que la medida más fiable de la felicidad de una sociedad es la suma total de las compras de un país. Es irrisorio pensar así, pero es una predisposición que está relativamente vigente.

En el libro *Ceguera moral: la pérdida de sensibilidad en la modernidad líquida*, publicado en 2015, Zygmunt Bauman y Leonidas Donskis señalan que la depresión es la enfermedad psicológica más común. Las personas que la sufren se caracterizan por vivir en la precariedad, en una constante incertidumbre existencial. Ya decía Woddy Allen que "el dinero no da la felicidad, pero procura una sensación tan parecida, que necesita un especialista muy avanzado para verificar la diferencia". Nos queda mucho camino por recorrer para entender lo que es la felicidad y vivir conforme a ella. Vamos a ver qué hemos aprendido de la postpandemia.

¿Qué es la felicidad? ¿Qué es lo que nos permite sentirnos más felices? ¿Cómo prolongar esa sensación de felicidad? ¿Es posible ser feliz de un modo más estable? ¿Qué es lo que facilita esa estabilidad en el ser feliz? No será que buscamos la felicidad en el sentimiento, centrados en nuestro mundo emocional y descuidamos lo que es más propio del ser humano, aquello que nos diferencia de los demás animales: nuestra capacidad de amar.

Capítulo 2

¿Es una utopía creer que es posible otro modo de *hacer política*?

1. ¿Ha sido la crisis del COVID un problema político?

Un error clarísimo fue considerar la crisis del COVID como un problema político que debían solucionar exclusivamente los políticos, como si fuera una responsabilidad unilateral. Sin embargo, se ha comprobado que quienes estaban en el gobierno quisieron sacar rédito de esta crisis y la oposición pretendía martillear al gobierno con sus errores. Innerarity en su libro *La transformación de la política*, publicado en 2002, insiste en que la política es una actividad civilizadora, útil para encauzar los conflictos sociales. Subraya que no conviene que sea vista como un instrumento que permita alcanzar la plena armonía social o el consenso absoluto, ni tampoco es su tarea dar sentido a la vida ni garantizar la libertad plena y su buen uso. Esta reflexión es crucial porque quizá estamos confusos al reclamar a la política soluciones a problemáticas en los que no debería ser la única protagonista y, además, sería preferible que no lo fuera, dada su alta capacidad de manipulación y de querer entrometerse en todo.

Un dato curioso es que los políticos no quisieron perder el protagonismo ante la crisis provocada por el COVID y renunciaron a ceder el mando o depositarlo en expertos con capacidad y conocimiento para resolver la crisis sanitaria. Una enseñanza de lo sucedido es que las crisis que no son netamente políticas no se deben resolver solo con soluciones políticas. Por desgracia, no nos hemos dado cuenta de que lo político lo está inundando todo. Si algo ha dejado claro esta crisis sanitaria es que no se puede resolver con el tacticismo en el que la política está instalada.

La crisis de la pandemia no puede ser simplemente política porque ha afectado notoriamente a la libertad de los seres humanos. Las medidas sanitarias impuestas debido a la pandemia restringieron significativamente la libertad humana, lo cual contrasta con la idea de libertad ilimitada promovida por la postmodernidad, que sostiene que nadie puede limitar nuestros movimientos físicos. En España, el Tribunal Constitucional, con seis votos a favor y uno en contra, declaró el 14 de julio de 2021 que las medidas del confinamiento de la población solamente se podían tomar en un estado de excepción, pero no de alarma.

En relación con lo apuntado, Innerarity señala, en su libro *Pandemocracia. Una filosofía de la crisis del coronavirus* que habitualmente las democracias modernas no han demostrado eficacia para la resolución de los problemas urgentes. Quizá esto se debe a la lentitud para la toma de decisiones o quizá por la debilidad del control social. Posiblemente la razón es que los políticos están entretenidos en cuestiones que no son problemas reales y están más ocupados por sobrevivir a ese tacticismo estratégico. A lo mejor es que tampoco han recibido la formación necesaria para afrontar lo que es urgente. La percepción es que están más preocupados de no cometer errores y, por ello, se demoran en la toma de decisiones por miedo a no errar, ya que a nivel electoral penalizan mucho más los errores que los aciertos.

Al respecto, subrayamos la propuesta de Adela Cortina, quien en su libro *Ética cosmopolita. Una apuesta por la cordura en tiempos de pandemia*, publicado en 2021, destaca la necesidad de cuidar la democracia. Asimismo, habla de aplicar una *política clínica* para solucionar los posibles problemas que pueden surgir en las democracias actuales como la falta de legitimización o la desafección ciudadana, cuestiones que requieren soluciones diferentes. No obstante, la conversión de la política en una profesión no debería ser algo negativo. Sin embargo, la sustitución del principal fin de la política el servicio a los ciudadanos por otro centrado en la permanencia en el cargo ha degenerado que los políticos sean vistos como una casta. Está claro que se echa de menos una dosis de humildad en nuestros políticos. Además, es evidente que esto se ha percibido con absoluta nitidez en la pandemia.

Por último, el buen hacer de los expertos es clave para los momentos en los que surgen dificultades o crisis para las cuales se requiere su ayuda porque los políticos actuales han demostrado que no están suficientemente preparados. Por eso, lo propio sería ser humildes y reconocer esta carencia y dejarse aconsejar por quienes sí tienen la capacidad para ello.

2. El inmovilismo de la política actual

¿Por qué la postpandemia debería ser una gran oportunidad de cambiar lo que no funciona? La clave es no tener miedo a seguir el dicho que refuerza el *ahora o nunca*. ¿Vamos a dejar pasar de largo esta oportunidad para reflexionar sobre cómo queremos que sea nuestro futuro? Indudablemente que la dura pandemia ha socavado más la distancia entre los políticos y los ciudadanos, acrecentando el hastío de estos por la ineficiente gestión de los políticos de la crisis sanitaria. Esto evidencia la necesidad de una profunda reflexión sobre cuál debe ser la tarea encomendada a los políticos.

El político tiene pánico a errar y un miedo atroz a las críticas de los ciudadanos. Esto implica un inmovilismo en la acción del gobernante, lo que contrasta, en primer lugar, con una nota distintiva del ser humano que es la apertura, puesto que está abierto siempre a la comunicación interpersonal y, en segundo lugar, con la demanda de más libertad que los ciudadanos reclaman. El político que llega a ocupar un cargo de representación, elegido por los ciudadanos, recibe consejos para no equivocarse y le asesoran indicándole que afronte solo lo políticamente correcto. Sin embargo, este modo de actuar denota falta de liderazgo.

A nivel interno en los partidos políticos existe un inmovilismo que se evidencia en que no compensa ser crítico, puesto que con una cuasi rigidez militar se aplica el principio de *quien se mueve no sale en la foto*, frase que se atribuye a Alfonso Guerra, el todopoderoso vicepresidente del Gobierno de Felipe González, aunque el autor originario fue Fidel Velázquez, líder sindical mexicano del siglo XX, pilar del sector obrero dentro del Partido Revolucionario Institucional. En algunos lugares, entre los políticos, se dice más vale un *tonto útil que no un listo que dé problemas*. Está claro que esta no es una máxima defendida por ningún político, pero es una realidad, los listos piensan y, en política, eso suele mostrarse como inoportuno para quienes ostentan la responsabilidad de gobernar, incluso pueden llegar a molestar. Esto confirma una realidad: ¿por qué la gente inteligente y que piensa no quiere dedicarse a la política? No obstante, esto no significa que los que están gobernando no piensen.

Sin embargo, esta actitud defensiva de los políticos actuales implica un grave problema: ¿cómo se pueden atraer a personas con talento para que se dediquen a la política? Esta es una cuestión básica y fundamental para la pervivencia del sistema democrático y que no se deteriore. Lo cierto es que abunda la gente talentosa que estaría interesada en ejercer la política. Sin embargo, la partitocracia, el poder omnímodo del presidente del partido político, implica que se rodee de una guardia pretoriana, cuya principal cualidad es la lealtad. Este grupo de *escogidos* está conformado por personas fieles, muy del partido, quizá con poca experiencia laboral fuera de las *paredes* de la sede del partido y que su sistema de vida es este y el reconocimiento que reciben en el seno del partido, el que consideran que es como su casa. En este sentido, esta férrea dinámica es bastante complicada cambiarla, ya que solo puede ser transformada por quienes tienen el poder, es decir, por quienes se benefician de esta predilecta situación, lo cual resulta sumamente paradójico.

El complot contra Trump para salvar a la democracia que ha publicado la prestigiosa revista *TIME* titulado *The secret history of the shadow campaign that saved the 2020 election* confirma que manejaron las circunstancias para lograr echar a Trump de la Casa Blanca. Según este artículo, se cambiaron leyes, reglas y se controló el flujo de la comunicación. Una muestra de la eficacia de esta estrategia fue la movilización inédita de miles de estadounidenses que decidieron votar por correo. La revista sitúa a Michael Podhorzer, director político de la AFL-CIO, la federación de sindicatos más grande de Estados Unidos, como el urdidor de esta estrategia. El triunfo de esta campaña precisaba el control de la información presente en las grandes plataformas digitales.

Donald Trump abandonó la Casa Blanca señalando que "fue el honor de toda una vida haber servido a este gran país. Con suerte no será un adiós a largo plazo. Nos volveremos a ver". De este modo dejaba la puerta abierta a un regreso. Será el candidato republicano nuevamente en las elecciones de 2024. Es curioso que no hayan logrado presentar a otro candidato o es más asombroso que haya vuelto a ganar las primarias de su partido.

Trump ha padecido dos *impeachments*, caso único en la historia de los EE. UU. En el segundo, la Cámara de los Representantes le acusaba de no aceptar los resultados de las elecciones presidenciales. Según el expresidente eran fraudulentos, alegando que no podían ser aceptados por los estadounidenses ni tampoco las autoridades estatales debían certificarlos. Las palabras pronunciadas por el expresidente fueron consideradas como instigadoras a la rebelión y se le acusaba de incitar y promover el asalto al Capitolio el pasado 6 de enero de 2021.

En mayo de 2024, el expresidente Trump ha sido declarado culpable por un jurado de 34 cargos de delitos graves por falsificación de facturas, cheques y registros contables para ocultar el soborno a la actriz Stormy Daniels para que no descubriera una relación sexual que Trump mantuvo con ella en 2006. Al parecer los pagos se realizaron en 2016, año de campaña electoral en la que ganó las elecciones a la presidencia de los EE. UU.

En la actividad política un aspecto fundamental es la necesidad de evitar la zona de confort de los políticos como el remedio para gestionar mejor la calidad democrática. ¿Cuáles son las herramientas de las que dispone el ciudadano para evitar que un político se apoltrone? Son escasas y se reducen al derecho al voto, ejercido cada cuatro años en las elecciones. Christian Felber en su libro *La economía del bien común: un modelo económico que supera la dicotomía entre capitalismo y comunismo*, publicado en 2012, subraya que las promesas electorales no son vinculantes y son inflacionarias, se promete todo, pero cuando el gobierno no cumple sus promesas el ciudadano está impotente y tiene que esperar a las siguientes elecciones.

Este inmovilismo en la política se observa en que, como es un *modus vivendi*, los políticos no han aprendido a retirarse a tiempo. Este *modus operandi* no es algo novedoso, ya que Justiniano I el Grande, emperador del Imperio romano de Oriente desde el 527 hasta su muerte en el 565, ya se aferró a su cargo. La leyenda cuenta que acabó ciego y pidiendo limosna, aunque no hay certezas históricas acerca de este sombrío final. En el siglo XX,

Helmut Kohl, canciller alemán entre el 1 de octubre de 1982 y el 26 de octubre de 1998, acabó desgastado, no supo irse a tiempo. En cambio, Margaret Thatcher, primera ministra británica desde 1979 a 1990, supo dejarlo a tiempo y es recordada como la *dama de hierro*. Carlos V, quién comenzó su reinado como emperador en 1520, decidió, en 1556, retirarse al monasterio de Yuste, una vez que consideraba que su labor ya había terminado.

Un ejemplo coherente en el ejercicio político fue Julio Anguita, alcalde de Córdoba entre 1979 y 1986, quien fue también coordinador general de Izquierda unida desde el 1 de noviembre de 1989 hasta el 29 de octubre de 2000. En una ocasión le preguntaron en una entrevista si era difícil dejar el poder a lo que respondió, con humildad, con un simple sí, a lo que añadió "es facilísimo". Subrayó que él era político hasta el tuétano, pero cuando se ha estado en primera línea uno termina cansado de ser responsable, de dar la cara y de medir las palabras. Dejar de estar en primera fila es una liberación, aunque eso no significa, según él, renunciar a sus ideas[11].

En conclusión, la postpandemia debería constituir una gran oportunidad para reflexionar sobre qué tipo de política necesitamos y qué perfil de políticos es preciso promocionar. El resultado de esta necesaria reflexión puede implicar profundos cambios en el sistema político, pero, sin duda, serán bienvenidos por la ciudadanía.

3. El cortoplacismo se ha instalado en la política del siglo XXI

En 1990, se aprobó la LOGSE, la nueva ley de educación del partido socialista en España. Fue una ley necesaria y que susci-

---

11. *https://www.21rs.es/es/revista-21/1304_Julio-Anguita-Hoy-la-politica-tiene-que-ser-mas-que-nunca-discurso-profetico.html*

tó confrontaciones porque suponía una ruptura con lo anterior. En uno de los debates del consejo de ministros sobre esta ley, el presidente Felipe González mostró una clara indiferencia. Al ser preguntado por esta actitud contestó que no quería dedicar ni un minuto a una ley que había que esperar unos diez años para evaluar los resultados logrados. Esto es una muestra de cómo se gobierna, instalados en el cortoplacismo, en la necesidad de no cometer errores y con el firme objetivo de volver a ser elegidos. Esta idea ya fue destacada por Alexis Tocqueville en su libro *La democracia en América* porque señalaba que, por lo general, durante su primer mandado, el esfuerzo del presidente de los EE.UU. era encaminar toda la acción de gobierno a volver a ser reelegido. Esto demuestra el vicio del sistema político, ya que está influido por un claro cortoplacismo al limitar la acción de gobierno, perdiendo el horizonte de gobernar buscando el bien futuro de cada uno de los ciudadanos.

Los votantes tenemos que aceptar que, mientras existan políticos, la espada de Damocles de las elecciones es algo que estará presente en su modo de hacer política, porque los políticos ya se han concienciado de que están en una campaña permanente. Además, todo es interpretado, también por los medios de comunicación, como algo que afecta a la decisión del voto. Asimismo, los constantes sondeos electorales que se realizan por diversos organismos contribuyen a aumentar esta sensación de perpetua campaña, lo que aviva el infructuoso cortoplacismo de las decisiones.

A lo largo de la historia se pueden encontrar más casos de este cortoplacismo, por ejemplo, David Stockman, director de Presupuesto durante la presidencia de Ronald Reagan en EE. UU. (1981-1989) afirmó que, ante la inquietante falta de sostenibilidad financiera de la seguridad social, él no tomaría medidas porque no había interés político en malgastar dinero en atajar un problema del futuro. Otro dato más de que en política solo interesa lo que tiene un claro efecto inmediato. Sin embargo, esta actitud no es exclusiva de la política porque la sociedad actual adolece esta asfixiante prisa, vivimos imbuidos por el paradigma cortoplacista de la inmediatez. Igualmente, el mundo financiero padece este cortoplacismo, según datos del Facebook del *New York Stock Exchange*, el periodo de mantenimiento de un título en la cartera de los inversores ha bajado a seis meses. Esto tiene su explicación porque es un deseo universal que se quiere ganar mucho dinero de modo rápido.

Este cortoplacismo indica la necesidad de tener un absoluto control de todo, tal y como expresa el principito, protagonista de la magistral obra escrita por Antoine de Saint-Exupéry, quien señala que *sólo se conocen bien las cosas que se domestican*. La realidad es que queremos domesticar todo, cambiarlo, etiquetarlo, regularlo o estandarizarlo. Además, por lo general, en aras de la igualdad se ha impuesto el criterio de igualar y nivelar todo, ya que lo que destaca no es positivo. Es curioso porque incluso la máxima universalmente aceptada de que unos deben ayudar a otros no se puede generalizar, porque, en la actualidad, esta ayuda hay que matizarla, depende quién y por qué.

En relación con esto, se proponen algunas soluciones contra este cortoplacismo fundamentadas en la esencia de la política como servicio; se trata de *sanear la política* porque está enferma. Primero, las debidas reformas del sistema electoral, con el fin de llevar a cabo una necesaria reducción de cargos políticos. Segundo, evitar todo aquello que impida o dificulte tomar medidas a largo plazo. Tercero, establecer límites para la permanencia en el cargo público. Cuarto, pactos en las materias centrales: educación, sanidad, familia entre los principales partidos políticos, sobre todo, en los sistemas en los que exista una cierta tendencia al bipartidismo.

Es pertinente señalar cómo algunos países están adoptando ya varias medidas que han resultado muy eficaces. Por ejemplo, en

Hungría, en 2008, se creó la figura del Defensor de las Generaciones Futuras, medida ampliada con la constitución de la Oficina del Defensor de los Derechos Fundamentales, en 2012. Otro ejemplo es Gales, país que cuenta con una Comisión de Futuras Generaciones, cuya función es garantizar que los entes públicos que gestionan áreas como la protección del medio ambiente o programas de empleo, tomen decisiones políticas mirando por lo menos treinta años hacia el futuro.

En Finlandia, en 1993, se constituyó una comisión parlamentaria para el futuro. Era una comisión que realizaba informes sobre el futuro del país que luego eran discutidos en el pleno del Parlamento. Los informes presentados tratan sobre cuestiones como el cuidado del medioambiente, el desarrollo tecnológico, las energías renovables y la educación pública. Asimismo, es tarea suya también buscar fórmulas para fortalecer la democracia. La propia comisión gestiona su agenda. Estos datos confirman la pertinencia de crear un organismo internacional como si fuera una agencia de estadística global que presentase datos fiables sobre las tendencias globales para el futuro.

La postpandemia es una gran ocasión para advertir que la política está imbuida de un trágico cortoplacismo que puede implicar un panorama desolador para las generaciones futuras. Sin ánimo de ser pesimista, pero la realidad es despiadada. Por eso, estamos ante una gran oportunidad de cambio, ya que la pandemia debería haber significado un serio aviso para plantearnos la pregunta ¿Cómo queremos vivir en el futuro? Esto implica la utilidad de planificar a largo plazo algunas cuestiones importantes como la educación, el empleo, la economía, las pensiones, la innovación o el cuidado del medio ambiente.

En este sentido, mirar al futuro en la política significa vigilar los indicadores intergeneracionales como la huella ecológica, que analiza la relación entre los patrones de consumo de los recursos y la producción de desechos de una población determinada. Otro indicador para vigilar sería el ahorro genuino que se define como el ahorro verdadero de un país después de restar la depredación de los recursos naturales y el daño causado por la contaminación. Sin duda, son varios los temas relevantes sobre los que es necesario tomar decisiones mirando al futuro, como pueden ser el medioambiente, la gestión de los recursos naturales o el cambio climático. ¿Qué demandamos de un buen político? Una amplia mayoría se decanta por solicitar que sea un buen gestor, quizá encasillando su función, limitándola exclusivamente a la resolución de problemas. Sin embargo, lo más importante de un buen político es que sea capaz de planificar y de liderar para alcanzar un futuro mejor, que tenga perspectiva, por tanto, que sea un verdadero guía para llevarnos a un mundo mejor.

4. ¿Cómo recuperar el sentido común en la política?

Winston Churchill el 11 de noviembre de 1947 pronunció un discurso ante la Cámara de los Comunes, en el que espetó "la democracia es el peor de todos los sistemas políticos, a excepción de todos los demás". Estas lacónicas palabras confirman de un modo abrupto que *esto es lo que hay*, la democracia es el sistema menos malo, como muchos afirman. La única decisión democrática de los ciudadanos es elegir a quién quieren que lidere su país, lo cual parece mucho, pero, en realidad, es más bien poco.

Al respecto, Norberto Bobbio afirma en su libro *El futuro de la democracia*, publicado en 2010, que existe la creencia de que esta consiste en que los ciudadanos tengan capacidad de decidir cualquier asunto. Sin embargo, desde finales del siglo XX, se ha generalizado la necesidad de contar con especialistas sobre asuntos más complejos para tomar decisiones a quienes denominamos *asesores*.

El presidente Pedro Sánchez contaba en su gobierno, tras la remodelación de julio de 2021, con veintidós ministerios, lo que había multiplicado el número de asesores o personal de confianza. Los datos confirman que Sánchez es el presidente de la democracia española con más asesores, ya que en enero de 2021 contaba con 764, Zapatero con 648, Rajoy con 599 y Aznar con 460. En el nuevo gobierno tras las elecciones de 2023 y teniendo en cuenta el recuento llevado a cabo por la Función pública en julio de 2023, el número de personal eventual asciende a 869. Además, 447 están al servicio de Sánchez y del ministro Bolaños, 57 más que en la anterior legislatura. Actualmente, en 2024, Sánchez ha incorporado a otros 50 asesores a través de la Oficina Nacional de Asesoramiento Científico (ONAC) llegando a un total de 919 asesores, de los cuales 497 son los que trabajan con el presidente.

¿Cuáles son las funciones de este personal? Son puestos de confianza para el asesoramiento especial. Sin embargo, el trabajo específico realizado es algo desconocido para los ciudadanos y siembra muchas dudas sobre la necesidad de un gasto tan elevado, debido a la clara falta de transparencia. Muchos ciudadanos creen que, en el fondo, es una agencia de colocación para *colocar* –valga la redundancia– a los amigos con todo pagado a cargo de los presupuestos generales del Estado. No obstante, sí que es cierto que debido a que la economía ha dejado de ser familiar, convirtiéndose en algo protegido, regulado y totalmente planificado es más necesario que nunca este asesoramiento de especialistas en el área económica.

Iván Redondo, asesor de Pedro Sánchez, es el estratega que ha manejado los hilos de la Moncloa desde que tuvo la feliz idea de derrocar a Rajoy con una histórica moción de censura, la primera con éxito de la democracia siendo destituido el 1 de junio de 2018. Sánchez se convirtió en el primer presidente que accedió a la presidencia de gobierno sin haber ganado unas elecciones. Inesperada decisión para la gente de a pie, pero muy meditada por el estratega y el candidato socialista. Lo cierto es que este gurú instrumentalizó las elecciones como una herramienta de estrategia política, desvirtuando el clímax de las elecciones, obligando a que los españoles fuéramos a las urnas a dos elecciones nacionales en apenas seis meses, las primeras el 28 de abril de 2019, y las segundas, el 10 de noviembre del mismo año.

En este punto es preciso diferenciar bien entre estrategia y manipulación. El estratega es el que juega con los tiempos, pero con dos límites indiscutibles que son la verdad y la transparencia. Sin embargo, el que manipula es maquiavélico, no tiene como norma la transparencia ni le importa mentir ni ocultar la verdad, incluso se puede encontrar más cómodo siendo oscuro.

¿Qué sentido común se ejercita cuando la política es utilizada para manipular? En la manipulación, la verdad está soslayada, pero incluso denigrada, no importa porque solo vale cómo sea percibida la realidad. De modo que, como cada uno la percibe de modo diferente hay tantas verdades como sujetos que perciben la realidad. Esto, sin duda, genera gran confusión e inseguridad a largo plazo, aunque a corto plazo uno pueda pensar que actúa bien porque es lo que siente. Además, existe un claro peligro en esta identificación de la verdad con la percepción que se tiene de la realidad, ya que, aunque es complejo cambiar la realidad en sí misma, la percepción de esta sí que es manipulable y se puede tergiversar. Esta es la clave de los estrategas políticos, pero subrayamos con los límites éticos de la verdad y la transparencia.

En la actualidad, es relativamente sencillo falsear la realidad con las redes sociales. Por ejemplo, en enero de 2021 saltó la noticia de que Merkel dejaba la política y que los alemanes le habían despedido con un generoso y entusiasta aplauso durante seis minutos. Sin embargo, resultó que no era cierto que se hubiera producido este magnánimo aplauso. El origen de esta falsa noticia

fue una cadena de WhatsApp reenviada de modo masivo, lo que
generó una opinión. Continuando con el análisis de lo que la política debería ser,
cabe preguntarse si existe alguna democracia que pueda ser consi-
derada modelo del resto. Las elecciones en EE. UU. de 2020 confirmaron que el país que postula una honradez puritana, que aspira
a tener una democracia modélica que pueda ser exportada a otros
países, nos dejó con una más que razonable duda tras lo acontecido en el recuento de los votos. Algunos republicanos admitieron
la existencia de dudosas circunstancias con muestras evidentes de
irregularidades, mientras para los demócratas, todo estaba justificado como el único modo de salvar la democracia. ¿Es EE.UU.
ejemplo de una democracia sana o está enferma? Realmente el fin
justifica los medios, el firme propósito de echar a Trump de la Casa
Blanca para salvar el país de las estridencias del magnate millonario
justifican realmente un hipotético complot para lograr este objetivo. No obstante, no se ha podido demostrar nada y todo esto ha
quedado como otra excentricidad más de Trump.

¿Es la democracia un sistema inteligente? John Kay publicó
en el *Financial Times*, el 12 de junio de 2013, un artículo titulado
La tiranía de las minorías en la era de la tecnología en referencia al
poder despótico de lo que Aristóteles llamaría el gobierno de los
aristoi, de unos pocos. El peligro es cuando estos pocos, en virtud
de su potestad, gobiernan para unos pocos, es decir, para la apro-
bación de esas minorías, con el fin de conquistar su voto en las
próximas elecciones. Esto supone el claro peligro de la democracia
que puede convertirse en un modo de abusar del poder con el fin
de perpetuarse en él, conquistando voto a voto, aunque sea de
modo visceral, a través de modificar la percepción de las personas
sobre los hechos.

Últimamente, la política ha sufrido un giro copernicano, ya
que lo importante es la percepción que se genere, de modo que la

verdad no es tan relevante porque se puede manipular. Estamos en la cultura de la imagen, lo que induce a la pérdida de la autenticidad en el modo de actuar. No interesa qué haga el político ni cómo lo haga, lo que verdaderamente cuenta es la percepción que ese comportamiento suscita. El traslado de esta visión a la política genera que los políticos no sean héroes que sirven a los ciudadanos ni tampoco personas entregadas a la búsqueda del bien común, sino que se han convertido en personajes *prefabricados* en auténticos laboratorios de imagen, que reciben las consignas de los asesores, quienes les indican lo que tienen que decir, cómo tienen que decirlo, siempre guiados por lo que los ciudadanos esperan oír.

Indudablemente, este patente y real peligro subyace en la democracia al confundir el poder como *sustantivo* con el poder como *verbo*. El afanoso deseo de conservar el poder, de ser el *jefe* –poder como *sustantivo*–, manifestado en la capacidad de imponer el poder, deriva en el firme interés de manejar los tiempos y la agenda política gubernamental, así como conquistar las primeras filas para ocupar las pantallas de los medios de comunicación *abriendo* los telediarios. Sin embargo, el poder como *verbo* se refiere al ejercicio real del poder, a la auténtica política entendida como servicio, que debería estar basada en la búsqueda del bien común.

Al profundizar en esta diferencia apuntada, el poder como *sustantivo* es un canto a la vanidad personal, como relata Tom Wolfe en su libro *La hoguera de las vanidades,* publicado en 1992. Este libro es una magnífica sátira social a lo que Nueva York había encumbrado como el éxito exhibido en la vida de un yuppie, bróker de las finanzas. Sin embargo, la crítica de Wolfe es al mundo de celofán que se había diseñado en la capital del mundo, Nueva York, a finales de siglo XX.

El índice de Democracia de 2019 elaborado por la Unidad de Inteligencia de *The Economist* indica cuáles son los países más democráticos. Subraya que sólo el 5,7% de la población de los 165 países analizados vive en una *democracia plena*. El análisis se realiza a partir de la evaluación de cinco categorías básicas como: el proceso electoral y el pluralismo, el funcionamiento del Gobierno, la participación de los ciudadanos, la cultura política y las libertades civiles. Este análisis concluye con cuatro tipos de regímenes políticos: la democracia plena, la democracia defectuosa, el régimen híbrido y el régimen autoritario.

No cabe duda de que la pandemia ha evidenciado la necesidad de una profunda reflexión sobre una de las cuestiones que nos hemos formulado: ¿por qué se ha perdido el sentido común en la política? El sentido común actúa cuando los principios se basan sobre la verdad, pero cuando lo que se estila es la mentira, es decir, cuando la política en negativo supera a la realidad, la única alternativa que les queda a los ciudadanos es elegir la opción menos mala para que les representen.

El sueño de los ciudadanos es que los políticos sean dirigentes que gobiernen usando el sentido común. Al respecto, la recuperación del sentido común en la política implica tener claro qué tipo de políticos queremos. Sin embargo, cuando se observa a la mayoría de los políticos muy desnortados y más preocupados por conservar la propia poltrona, es realmente complejo albergar esperanzas serias de un cambio. Esto manifiesta que los actuales políticos se aprovechan de la situación y de las *holguras* del sistema electoral, ya que el único poder otorgado a los ciudadanos es la participación en el proceso que legitima quién es el que ha de ostentar el poder a través del medio elegido para ello, es decir, las elecciones. Además, durante la legislatura, o sea, mientras están legitimados para ejercer el poder, tienen —según ellos— vía libre para legislar conforme a lo que dicte la mayoría parlamentaria.

Es notorio que la pandemia nos ha ayudado a reflexionar sobre lo realmente importante. Sin embargo, declaramos que se han agudizado algunos claros síntomas de falta de sentido común en la política. Una muestra de esta manifiesta carencia es crear problemas donde no los hay, evitar mostrar la debilidad o generar ruido mediático para ocultar la verdad sobre una mala gestión. En la actualidad, se ha tolerado como una virtud del político la capacidad de no cometer errores, incluso de modo más prioritario que de solucionar problemas, sobre todo, por el deseado rendimiento en términos de estrategia electoralista.

La postpandemia es una referencia útil para descubrir que un contratiempo como este, sin ningún preaviso, modifica la percepción de los ciudadanos. De algún modo el político debería aceptar que no tiene todo controlado. Sin duda no deberíamos perder esta gran oportunidad para repensar la política.

5. La necesidad de repensar el modo de *hacer política*

Innerarity en su libro *Una Teoría de la Democracia Compleja. Gobernar en el siglo XXI*, publicado en 2020, indica que no hay una teoría política adecuada para resolver los problemas del siglo XXI porque el sistema político actual es demasiado simple. Afirma que la política carece del nivel de complejidad que la actual sociedad demanda. Según él, la democracia se mejora haciéndola más compleja, ya que la vigente es muy simplista, ya que se reduce a justificar la legitimidad de la selección de los gobernantes a través de las elecciones. Esta necesaria tarea de complejizar la democracia conlleva mejorar el nivel de intervención de otros factores. Por eso, este autor recalca que algunos conceptos como soberanía, territorialidad, autarquía o poder están indiscutiblemente desfasados. Su propuesta radica en aceptar que es necesario un reinicio de la política, hay que repensarla de nuevo. ¿Qué significa reiniciar la política?

De acuerdo con la propuesta a la totalidad de Innerarity, es preciso ser honesto y tratar de responder a la decisiva cuestión que todo político decente debería formularse: ¿qué hay que cambiar en la política? Lo primero, recuperar su esencia, es decir, el fin auténtico de la acción política. Aristóteles ya señalaba que la política era la actividad más noble que un ser humano podía ejercer porque debería ser una oportunidad para vivir el servicio a los demás. Este carácter de servicio está en armonía con la naturaleza humana y con el ser personal, ya que la persona está abierta a otras, sencillamente porque en el *dar* y en el *darse* a los demás es cuando uno crece como persona.

En este sentido, es válida la observación señalada por Max Weber en su libro *La política como profesión*, publicado en 1919, al afirmar que hay dos formas de hacer de la política una profesión porque o se vive *para* la política o se vive *de* ella. Es curioso cómo la diferencia de preposición puede contener tanto significado. Según Weber, la discrepancia está en el tema económico, ya que quien vive *de* la política como profesión aspira a que esta se convierta en una fuente de ingresos permanente, mientras que quien vive *para* la política tiene ingresos independientes de ella. Esto conlleva que tenga un patrimonio propio o contar con una posición privilegiada que le proporcione ingresos suficientes. Weber advertía que, si la profesión política se convierte en un vivir de la política, entonces los políticos profesionales son como un *funcionario* a sueldo. ¿Es un problema tener políticos como funcionarios a sueldo? En sí mismo no es algo intrínsecamente malo, pero la realidad está demostrando que sí lo es porque el político profesional piensa que su condición le concede varios derechos, entre ellos el principal del funcionario, que su plaza es suya y tiene derecho a mantenerla.

Respecto a este carácter profesional de la política, es un error pensar que el problema es meramente estructural como algunos señalan. Son varios los que entienden que con una modificación del sistema electoral se lograría resolver la desafección que los ciudadanos tienen acerca de los políticos actuales y la desconfianza de la calidad democrática de las instituciones. Sin embargo, es más plausible llegar a este objetivo con una idónea selección de los políticos, buscando auténticos líderes que ejerzan un liderazgo participativo, arbitrando algunas medidas para evitar el *poltronismo*. Es evidente que estas medidas no las pueden poner los políticos porque es complejo que acierten a limitar su poder de modo honesto. Ni sería legítimo que ellos mismos las aprueben, ya que ha quedado evidenciado que los políticos no se atreven a tomar medidas estructurales que afecten a cuestiones del sistema electoral, al menos en nuestro país. ¿Cómo es posible que lo primero que hacen los políticos es subirse el sueldo? Lo raro es que la decisión sobre su sueldo esté en ellos, cuando es un dinero público. Por eso, incomprensiblemente depende de ellos en qué cantidad subírselo, sin fijar una lógica contraprestación de resultados u objetivos para que sean cumplidos, es simplemente un privilegio que ostentan, que ejercen, claramente, una vez que suben al poder. No sé si existe algún sistema político en que esta decisión no esté en su mano.

El sistema representativo de elecciones para legitimar el poder es una herencia de la revolución francesa y las escasas modificaciones introducidas como listas semiabiertas, son irrelevantes. En pleno siglo XXI todavía el sistema está al servicio de los políticos y no de los ciudadanos. La duda está en si el corrupto es el político o si es el sistema el que le permite perpetuarse en el cargo. Sin duda, el sistema está diseñado de modo que le brinda numerosas facilidades para trampear con corruptelas como, por ejemplo, los contratos menores de 15.000 euros que se pueden otorgar en la administración pública sin necesidad de concurso. En España, más del 10% de los contratos públicos son inferiores a este importe, con el fin de evitar ser controlados. Además, se pueden otorgar varios contratos a una misma entidad, aunque esto sí que puede ser vigilado por la oposición.

¿Cuáles son las prioridades que deben tener en cuenta los políticos para destinar el dinero recaudado a los ciudadanos? Es una pregunta fundamental que merecería la pena que los políticos también tuvieran presente, pero es habitual que continuamente ignoren un estudio profundo para establecer las prioridades de los ciudadanos. Por ejemplo, la primera ministra de Nueva Zelanda Jacinda Ardern, en 2019, destinó una partida económica para lo que ha denominado el *presupuesto de bienestar* para consignar dinero a cuestiones como salud mental, pobreza infantil y violencia familiar.

En este sentido, hay algunos puntos ya conocidos entre las demandas de cambios políticos, como la férrea disciplina de partido o el cambio de la ley electoral, sobre todo, en lo que se refiere a las listas abiertas. Por ejemplo, en algunos países el voto es obligatorio, aunque esto no es garantía de éxito y de implicación de los ciudadanos en la vida política para mejorarla. Existen varios países latinoamericanos que han adoptado esta obligatoriedad como México, Brasil, Bolivia, Ecuador, Honduras, Panamá, Paraguay, Perú. Los dos primeros países en practicarla fueron Argentina en 1914 y Australia en 1924. En Europa, están Bélgica, Luxemburgo y Liechtenstein. ¿Serviría el voto obligatorio para mejorar la responsabilidad de la sociedad civil respecto a las cuestiones políticas? Quizá sí, pero esta obligatoriedad no encaja con el carácter y modo de ser de los habitantes de todos los países, por eso puede ser contraproducente esta obligación en algunos casos.

Un estudio realizado por Pew Research Center, un laboratorio de ideas no partidista que informa al público sobre los temas, actitudes y tendencias que configuran el mundo, elaborado entre el 1 de febrero y el 26 de mayo de 2021, entrevistando a 18.850 adultos de las 17 economías más avanzadas, indicaba que el 56% de los encuestados afirmaban la necesidad de un cambio estructural en el sistema político. Este porcentaje aumentaba en países como Alemania (73%), Canadá (73%) o Reino Unido (70%), en los que los ciudadanos son más críticos con el modo en que la pandemia ha sido gestionada por los políticos.

Es sugerente que, si se quiere preservar un modo de hacer política centrado en servir a los ciudadanos, en facilitar su desarrollo personal sea preciso arbitrar mecanismos para delimitar el tiempo del ejercicio político. Es curioso, pero si la política fuera servicio sería evidente que también quienes se dedicasen a la política mejorarían como personas, serían más humanos, más empáticos, más entregados al otro. Pero no parece que este sea siempre el resultado de quienes han dedicado exclusivamente su experiencia profesional a la política. ¿Cuántos políticos conocemos que hayan crecido como personas? ¿Que sean más honrados ahora que cuando comenzaron en su andadura política? ¿A cuántos de ellos podemos ponerles como ejemplos de personas honestas para las generaciones venideras? Ciertamente los hay, quizá no muchos, pero seguro que más que los que a primera vista pensamos. Por tanto, el nuevo modo de *hacer política* se ha de caracterizar por guiar las decisiones que tomen los políticos, observando cómo estas les ayudarán a ser mejores personas.

¿Por qué los políticos no se fían de los ciudadanos? ¿Por qué no les consultan más decisiones que afecte a su modo de vida? ¿Por qué no los preparan para que puedan participar en la toma de decisiones? ¿Por qué existe una clara desconfianza de los políticos hacía los ciudadanos? Son numerosas las preguntas que se podrían formular en este sentido, pero lo triste es que la relación entre ciudadanos y políticos está cada día más rota. Quizá el primer paso para regenerar la política debería ser subsanar esta relación. El segundo paso sería generar instrumentos para lograr que la confianza que los políticos tienen de los ciudadanos sea cada vez mayor. ¿Quiénes mejor que ellos para decidir sobre las cuestiones fundamentales sobre su modo de vivir? Probablemente, esta desconfianza radique en que los políticos no quieren compartir la información que tienen. Ahora mismo los políticos saben que tener información es una muestra de poder. Por eso compartirla con los ciudadanos no es un objetivo de la política actual, pero sin información los ciudadanos no pueden decidir correctamente.

Algunos han puesto la esperanza del cambio en la política en Internet, entendiendo que el uso de la tecnología facilitaría incrementar la participación ciudadana. Sin embargo, como Innerarity señala en su libro *Un mundo de todos y de nadie. Piratas, riesgos y redes en el nuevo desorden global*, publicado en 2013, esta ilusión no se ha hecho realidad. Además, Internet, según este autor, no ha eliminado las relaciones de poder, más bien las ha transformado, porque la apertura de la red ha contribuido a la creación de nuevas élites. Por ejemplo, los blogs más influyentes en USA no son una muestra representativa de la población porque la gran mayoría de ellos son liderados por varones blancos de clase media y alta.

Asimismo, como demanda Eli Pariser en su libro *El filtro burbuja. Cómo la red decide lo que leemos y lo que pensamos*, publicado en 2017, Internet facilita el control ciudadano. Cada vez se está consiguiendo un filtro de personalización más depurado que permita identificar a cada ciudadano por su navegación en la red. Ese filtro nos presenta las noticias que nos gustan o aquellas más afines a nuestros gustos, según las búsquedas realizadas. Los anuncios publicitarios que nos asaltan en el móvil están escrupulosamente seleccionados en función de qué tipo de artículos nos interesan y de nuestro modo de *bucear* en la red.

¿Es posible delimitar el poder de los políticos? ¿Es real la separación de poderes que proponía Montesquieu? ¿Por qué es tan necesaria esta separación? El poder legislativo está en manos de la soberanía que el pueblo cede a los políticos que eligen representantes. Ideológicamente se cambian las leyes y el contenido de estas en función de las necesidades oportunistas que tengan los partidos políticos en la persona de sus candidatos.

Edgar Morin, el centenario filósofo y sociólogo francés, en su libro *Cambiemos de vía. Lecciones de la pandemia*, publicado en 2020, señala que hay que responder a la degradación y deshumanización de la política. No titubea afirmando que el mundo está en una grave crisis. A modo de solución sugiere promocionar una política de la humanidad. ¿Qué significa eso? Regular, primero, el frenesí tecno económico del mundo. Segundo, movilizar los recursos materiales. Tercero, crear un servicio cívico planetario movilizando a las juventudes de los diferentes países. Culmina subrayando la exigencia de una regeneración humanista que cristalice una reforma personal y también una revitalización ética.

Al hilo de esto, Innerarity, en su libro *Un mundo de todos y de nadie. Piratas, riesgos y redes en el nuevo desorden global,* propugna la pertinencia de promover una política de la humanidad que debería consistir en el proyecto de recuperar la simetría entre los que deciden y los que padecen. La actual jerarquización en las tomas de decisiones impone unas barreras bastante insalvables que disminuyen la convivencia cívica, dificultándola ostensiblemente.

Sin duda es viable soñar con un nuevo modo de *hacer política*, quizá es una utopía de quienes somos unos románticos. Soñar con un mundo mejor es algo que alimenta nuestra esperanza, ya que todavía creemos que quienes desean hacer el bien son más que aquellos que tienen como leitmotiv el odio. Quizá la cuestión de fondo sea entender que el político no se hace, como si fuera un producto sofisticado de laboratorio, sino que nace porque entender la política como servicio tiene algo de vocación, de llamada.

Capítulo 3

¿Por qué es necesaria una transformación económica más humana para ser más felices?

1. ¿Cuál es el futuro de la economía?

La postpandemia es una gran ocasión para desprenderse de la tiranía del crecimiento impuesto por el PIB, como principal indicador del crecimiento económico. Michael Jacobs señalaba en su libro *La economía verde. Medio ambiente, desarrollo sostenible y la política del futuro,* publicado en 1991, que este indicador no mide el desgaste de los recursos naturales. Él propone un triple ajuste en la medición del PIB: en primer lugar, los gastos que denomina *defensivos,* aquellos que implica corregir las acciones que degradan el medioambiente, destacando el gasto invertido para el equipo encargado del control de la contaminación y los gastos médicos derivados de la contaminación, ya que son gastos adicionales y no inversiones. Son defensivos porque no conlleva un valor añadido, sino lo contrario. En segundo lugar, el daño al medio ambiente que reduzca el bienestar y que no esté incluido en los gastos defensivos también debería restarse del PIB. En tercer lugar, se debe restar un porcentaje de desgaste del capital natural. Según él, medir así el PIB ayudaría a los políticos a tomar medidas más efectivas para el respeto del medio ambiente. Sin embargo, esta propuesta de los verdes no es admitida por los economistas porque es un indicador que pretende medir cómo es el comportamiento económico y, por eso, no cabe este tipo de correcciones éticas. Además, es difícil medir el coste total de los gastos defensivos.

Al respecto, Klaus Schwab y Thierry Malleret sostienen en su libro *COVID-19: el gran reinicio* que la historia ha demostrado que las epidemias han servido habitualmente para reiniciar la economía. Por eso destacamos que es preciso aprovechar este momento actual para desterrar el inhumano capitalismo insertado en nuestra sociedad como un modelo únicamente centrado en ganar dinero, sin preocuparse del crecimiento personal ni de los trabajadores ni de los empresarios. Claramente esto contrasta con las actuales directrices de un desarrollo sostenible.

Por desgracia el capitalismo más radical ha convertido el paradigma del beneficio en el leitmotiv de nuestra existencia, convirtiendo la *lucropatía*, la ambición enfermiza por ganar dinero, en norma de vida. Es una especie de pragmatismo exacerbado que ha desplazado como relevante cualquier logro en el crecimiento personal. La ganancia es aquello que se puede cuantificar y ser usado a corto plazo, una vez más aparece más la opresión de la cultura de la inmediatez.

Ya el filósofo George Simmel en su libro *Filosofía del dinero* publicado en 1900 señalaba que el dinero tiene un puesto privilegiado en las relaciones sociales y en la organización lógica de los valores. Sin duda, el uso metafórico del dinero permite entender el mundo de hoy. Todo se puede expresar en términos económicos reducidos a ganar o perder, aunque se ha suavizado y se habla más de beneficios y de ventajas. En este sentido, Simmel resalta como una característica del dinero su carácter de ser liviano, es decir, que su esencia es absolutamente vacía, tiene algo indeterminado. Sin embargo, las relaciones sociales se miden por el eje que marca el dinero. Según esto, un modo de pensar es que si algo puede reportar beneficios a nivel personal merezca la pena moverse y ser proactivo, pero si no existe un claro beneficio personal, posiblemente será infructuoso y una pérdida de tiempo.

¿Qué se puede hacer cuando la crisis del COVID, según el informe de políticas: *COVID-19 y la transformación del turismo*[12], ha servido para percibir la necesidad de repensar la estructura de las economías turísticas para mejorar la competitividad y desarrollar la resiliencia? ¿Qué se puede hacer cuando la base de la economía de un país es el turismo? Sin duda, es un privilegio tener la orografía y las bondades del tiempo, ya que ambas invitan a veranear en España. Sin embargo, la inseguridad para viajar generada por la pandemia debería haber sido una excelente oportunidad para una profunda y necesaria reflexión sobre la pertinencia del modelo económico español. ¿Estamos preparados para generar nuevos empleos que sean productivos y que resuelvan la creciente demanda de la sociedad? Los expertos señalan que las economías más centradas en los avances tecnológicos y en el uso adecuado de las ventajas que genera la tecnología lograrán beneficios a largo plazo. Sin duda, es pertinente un paso hacia lo tecnológico.

Este informe *COVID-19 y la transformación del turismo*[13] señala que en 2019 el turismo generó el 7% del comercio mundial. No obstante, los datos confirman que la llegada de turistas internacionales disminuyó en un 56% en los primeros meses de 2020. Esto ha producido una pérdida en las exportaciones que ha supuesto más del triple de lo que se perdió durante toda la crisis económica mundial de 2009. Este dato puede ser útil para ver la magnitud del fenómeno que ha supuesto esta crisis sanitaria.

---

12. *https://unsdg.un.org/sites/default/files/2020-08/sg_policy_brief_covid-19_tourism_august_2020.pdf*
13. *https://unsdg.un.org/sites/default/files/2020-08/sg_policy_brief_covid-19_tourism_august_2020.pdf*

El modo de hacer turismo se ha modificado en la actual etapa postpandemia, ya que los turistas han desarrollado una responsabilidad fundada en el respeto al medio ambiente. Por eso, los turistas demandan experiencias realmente auténticas y más significativas como el ecoturismo, el turismo rural y el turismo comunitario. Asimismo, destacan las experiencias personalizadas y un turismo más de lujo.

Además, la pandemia ha desvelado algo que Adela Cortina apunta en su libro *Ética cosmopolita. Una apuesta por la cordura en tiempos de pandemia* al afirmar que China produce el 90% de la penicilina que se consume en el mundo. Hasta ahora la dependencia de unos países con otros dependía del petróleo, ahora depende, en gran medida, de quién sea el productor del material sanitario. Por eso la pandemia ha servido para descubrir que los países europeos dependen de China en el suministro de material sanitario como mascarillas o ropa protectora.

¿Es el momento de revisar la necesidad de una *economía de guerra*? La pandemia ha implicado que, ahora, la prioridad es invertir en sanidad. Sin embargo, no queda claro si las grandes economías mundiales han advertido que es el momento de acometer una reducción en el dinero gastado en otras áreas como la defensa y la compra de armamento. Sin duda, la postpandemia es un periodo que debería ser una magnífica oportunidad de darse cuenta de que hay un enemigo mayor que el vano orgullo de optar a un posicionamiento geopolítico, ya que este virus y sus variantes han mostrado la patente vulnerabilidad del ser humano.

No obstante, todavía se desconoce cuál es verdaderamente el origen de esta enfermedad. Por eso parece pertinente que la postpandemia sea la ocasión para una necesaria redefinición de los presupuestos armamentísticos. Sin embargo, en España hay un proyecto de aumentar el presupuesto del ministerio de defensa hasta el 2% del PIB, que es una exigencia de la OTAN, ahora estamos en el 1,24 y se quiere llegar en 2024 al 1,3%. El presidente Sánchez en junio de 2024 anunció un nuevo programa de defensa que contempla la compra de un buque de aprovisionamiento en combate con un presupuesto de 439 millones de euros. El aumento puede ser justificado cuando no sea exclusivamente una inversión en armamento, sino que contribuya a la necesaria mejora de las condiciones de las personas que forman parte del ejército español. Por el contrario, hay países que sí han optado por una reducción significativa de su presupuesto armamentístico. Por ejemplo, Costa Rica tiene durante los últimos 50 años una política clara de prescindir del ejército, con el objetivo de centrar la inversión en el gasto social, sobre todo, en el desarrollo de mecanismos de aprendizaje. Esta política ha dado sus frutos porque, en la actualidad, Costa Rica presenta una esperanza de vida más alta (79 años, según el último estudio de la OMS en 2021) y un índice de alfabetización de los más altos de América Latina cercano al 99% junto con países como Argentina, Bolivia, Chile y Ecuador, mientras que países como El Salvador (88%) y Honduras (89%) se han quedado atrás. Por tanto, es ineludible una profunda reflexión postpandemia de cómo los Estados deberían invertir el dinero público.

Asimismo, en este siglo XXI hemos contemplado una grave crisis financiera en 2008 y otra, la actual, provocada por la pandemia. ¿Qué hemos aprendido de la crisis del 2008, cuando en solo seis meses, tras la inesperada caída del banco estadounidense de *Lehman Brothers*, España perdía 1,3 millones de puestos de trabajo? Estos dos hitos deberían ser asumidos como claras señales para reflexionar sobre el capitalismo y qué es oportuno cambiar para trabajar por una sociedad más amable en el futuro.

Otra cuestión relevante en el capitalismo es ¿Cómo luchar contra las desigualdades? En una carta abierta, exigiendo que la UE priorice el bienestar sobre el crecimiento, firmada el 20 de mayo de 2019 por más de 200 expertos en todo el continente se recogen algunas ideas que pueden ayudar a priorizar el bienestar frente al PIB como, por ejemplo, la exigencia a los países para que aborden la creación de un Ministerio (o una entidad similar) de Bienestar y Generaciones Futuras que tenga una función clara dentro de los gobiernos de los países.

En la actualidad, el nuevo capitalismo está más basado en la informática. Por eso, Emilio Ontiveros afirma en su libro *Excesos. Amenazas a la prosperidad global*, publicado en 2019, que el nuevo problema de la geopolítica es la lucha por el dominio de la tecnología y de la inteligencia artificial. Este interés por estos dos ámbitos es lo que ya señaló Klaus Schwab en su libro publicado en 2016 y titulado *La cuarta revolución industria*. En este libro subraya que la introducción de los robots en la vida supondrá un novedoso cambio en nuestro modo de vivir. Esta incipiente revolución tecnológica se basa en la automatización total de lo que es la producción manufacturera con sistemas ciber físicos capaces de tomar decisiones gracias a un avanzado software. Por eso, esta nueva economía requiere una reflexión de qué queremos lograr con este giro tecnológico. Sin embargo, todavía esta reflexión no se ha realizado y no sabemos si se llevará a cabo. ¿Es consciente la sociedad de estos cambios tan profundos que van a afectar directamente al modelo productivo y al mercado laboral?

Al respecto, un informe de 2017 previo a la pandemia realizado por un panel de 40 expertos que se reunieron para debatir sobre el seguimiento financiero de la economía española confirmaba la necesidad de diseñar un plan fiscal con tasas de ahorro sostenidas positivas, ya que continuar con la actual dinámica de tasas negativas de ahorro público implicaría una clara disminución del actual nivel de actividad económica.

Respecto al rol de los políticos en relación con la tecnología, cada vez se les pide con más insistencia que muestren una mayor capacidad de gobernar a largo plazo, adelantándose al futuro. Para ello deberán ser capaces de establecer cuál es la dependencia tecnológica, con el fin de alcanzar el objetivo de que en los próximos años el 15% del PIB sea digital. En este sentido, el informe *IDC FutureScape: Worldwide Digital Transformation 2022 Predictions* señala que las inversiones directas en transformación digital alcanzarán una tasa de crecimiento anual del 16,5% en 2022-2024, mientras que la tasa en 2019-2022 era del 15,4%. Por tanto, se confirma que llega la robótica, la cual va a suplantar a los humanos en varias de las tareas automatizadas que éste realiza. Lo que está claro es que cada vez se demandan más profesiones digitales.

La postpandemia es una gran oportunidad para visualizar la necesidad de la transformación del capitalismo global para dejar atrás el anticuado modelo de Detroit y girar al más moderno modelo de Silicon Valley netamente tecnológico. Conviene conocer por qué la ciudad de Detroit es señalada por algunos como el referente del viejo modelo de un sistema como el capitalismo ya bastante caduco. Sin duda, Detroit fue la ciudad emblema del sueño americano. Pero, hoy, la cruda realidad es que se venden en esta ciudad viviendas a un dólar. En los años 50 del siglo XX, gracias a la industria del automóvil, vivían en esta ciudad 1,8 millones de personas. En 2020 la población era de 639,111 habitantes. A mitad del siglo XX, Detroit llegó a ser la cuarta ciudad por detrás de New York, Los Ángeles y Chicago. Hace unos años esta ciudad se declaró en quiebra con una deuda municipal de 19.000 millones de dólares. En la actualidad, la realidad en Detroit es alarmantemente triste porque el ayuntamiento no puede dar la cobertura de los servicios a todos los barrios. Algunas zonas de la ciudad se han quedado sin suministro de aguas o sin la tan imprescindible recogida de basuras. Mientras tanto el modelo de Silicon Valley, situado en el Estado de California, se centra en lo tecnológico porque en este valle californiano se han asentado un gran volumen de *start up* tecnológicas. Además, también allí están localizadas las principales empresas de tecnología.

En relación con lo apuntado, el futuro de la empresa y de la sociedad, según Ruben Juste en su libro *La nueva clase dominante*, publicado en 2020, pasa por la digitalización y, sobre todo, por conocer quién va a controlar dos aspectos claves: primero, la propiedad de la tecnología y, segundo, la dirección de los procesos de digitalización del trabajo.

Al mismo tiempo, es destacable la proliferación del comercio electrónico porque el hábito de consumo, el modo de realizar las compras ha cambiado. Los jóvenes no se acercan a las tiendas, sino que prefieren ahorrar tiempo y lo compran todo o casi todo por vía digital; le gusta mucho el servicio a domicilio. Por eso, estamos contemplando cómo el poder económico se está concentrando en las grandes empresas tecnológicas.

Es pertinente destacar ahora la figura de Florence Noiville, licenciada en una de las más prestigiosas escuelas de negocio del mundo, trabajó durante varios años en una multinacional. En 1994, cansada de los derroteros por los que transcurría la economía a nivel global, lo dejó todo y, desde ese momento, se ha dedicado a leer y a escribir. Actualmente, es la directora del suplemento *Livres* del periódico *Le Monde*. En su libro *Soy economista y os pido perdón*, publicado en 2011, critica lo que las grandes escuelas de negocio enseñan, denunciando que sus aparentemente inofensivas enseñanzas suelen tener como resultado un claro aumento de las desigualdades entre los ricos y los pobres. Ella plantea la necesidad de reformar el capitalismo, realidad que era compartida por los compañeros de la escuela de negocios, pero todos se encogían de hombros ante la necesidad de actuar para cambiarlo. Sin embargo, es pesimista porque después de la crisis financiera de 2008 las escuelas de negocio no han cambiado y siguen preocupadas por alcanzar los primeros puestos en los rankings.

En las empresas se buscan líderes que entiendan el futuro y las posibilidades del mundo digital. Por eso es sumamente pertinente que estos nuevos líderes tecnológicos innoven introduciendo mejoras tecnológicas en la empresa que mejoren la productividad y perfeccionen el modo de trabajar. Se trata de lograr que los empleados estén cada vez más contentos y con más ganas de trabajar. Para ello es importante el grado de identificación de los empleados con la empresa.

Como ya se ha apuntado, el reto del nuevo capitalismo es ser más sostenible. ¿Habrá ayudado la pandemia a despertar una mayor sensibilización por un desarrollo sostenible? Un ejemplo de esta conciencia sostenible es Pierre Rabhi, impulsor del agroecologismo y fundador del concepto de *oasis en todos los lugares*. En el fondo, este autor busca un modelo de sociedad que sea más respetuoso con los recursos naturales, principalmente en los países áridos. Pierre Rabhi en su libro *Hacia la Sobriedad Feliz*, publicado en 2013, subraya que la revolución industrial cometió un error porque se subordinó todo, incluso la belleza y la conservación del planeta a las finanzas.

De nuevo esta pandemia está otorgando una oportunidad para reflexionar acerca de qué es lo fundamental para vivir felices. La pandemia ha significado la priorización de la salud incluso por delante de la economía. La realidad es que no nos ha importado parar la producción económica durante el duro confinamiento, como la medida más eficaz para evitar el contagio masivo. Pero ¿qué hemos aprendido de todas las medidas que los diferentes gobiernos se vieron obligados a establecer?

2. El teletrabajo: ¿el *modus operandi* del futuro?

La cifra en España de personas que teletrabajan antes de la pandemia eras más baja que la media europea. España es uno de los países de la zona euro en la que menos está presente esta modalidad. En Holanda o Suecia superan ya cuotas del 30%, en Francia están cerca del 20% y en Alemania todavía están en el 11%. ¿Qué pasa en España? ¿Hay desconfianza en el trabajador? ¿Cuáles son los temores por extender el teletrabajo, sobre todo, en algunos ámbitos y en algunos trabajos concretos? El estudio realizado por el Banco de España, en relación con la encuesta de Población Activa, indicaba que apenas un 8,3% teletrabajaba en 2019. El estudio también concluye que según el tipo de trabajos desarrollados se podría llegar hasta un 30%, es decir, en torno a 6 millones de trabajadores podrían teletrabajar, debido a que las funciones que tienen que realizar así se lo permitirían.

Adecco Group Institute ha presentado el Monitor Adecco de Oportunidades y Satisfacción en el Empleo en el que indica que el último trimestre de 2023 había, en España, más de tres millones de personas que habían trabajado ocasionalmente desde su casa. Esta cifra es un 19,4% más alta que la de un año antes. Dos datos más que son altamente significativos, según este estudio. Primero, el 45,4% del teletrabajo son personas que viven en la Comunidad de Madrid o Cataluña. Segundo, el porcentaje de teletrabajo en la UE es del 24,1% frente al 13,6% de teletrabajadores en España. Esta diferencia ha aumentado en el último año.

En cuanto a la productividad, cabe señalar una reflexión apuntada en un estudio elaborado por la OCDE en 2021 y publicado en el portal *Our Worl in Data* en el que se indica que los españoles trabajan 176 minutos productivos al día. Esto es una media que se ha elaborado tras preguntar a varias personas qué tipo de actividades realizan a lo largo de las veinticuatro horas de un día, con otras preguntas sobre rutinas diarias. A este respecto, cabría preguntarse cuál es la intensidad del tiempo invertido. Este dato del tiempo trabajado es relevante para conocer la productividad, ya que esta es el resultado de dividir el producto interior bruto entre las horas trabajadas por la población activa.

De acuerdo con este aspecto, cabe señalar que el Acuerdo Marco Europeo sobre Teletrabajo de 2023 afirma que un modo efectivo de modernizar la organización de una empresa es mediante la flexibilidad en el horario de trabajo. Este marco recoge que el teletrabajo es voluntario y requiere un acuerdo entre la dirección y el empleado. El acuerdo confirma que, aunque se instale algún sistema de vigilancia del empleado, éste debería ser proporcional al objetivo perseguido e introducido, ya que el empresario debe respetar siempre la vida privada del empleado.

Sin embargo, la pandemia sí que ha resultado determinante para iniciar un cambio significativo en España. El informe titulado *El teletrabajo en España. Antes, durante y después de la pandemia*, publicado en 2022, que elaboró el equipo de trabajo del Observatorio Nacional de Tecnología y Sociedad (ONTSI) muestra claramente datos que confirman una nueva tendencia. Aporta datos reveladores: por ejemplo, antes de la pandemia de 2020 el 75% de los trabajadores nunca habían teletrabajado. Ese año, el 32% de la población comienza a teletrabajar por primera vez. Es llamativo el índice de personas en España que quieren teletrabajar, ya que el 84% desearía teletrabajar, siendo el tercer porcentaje más elevado de la Unión Europea, únicamente superado por Finlandia y Suecia. El 23,6% de los españoles desearían teletrabajar a diario. En la actualidad, España, con la ley aprobada en 2021 que regula el teletrabajo, solo permite teletrabajar el 35,6% de las horas totales semanales, mientras que Portugal y Francia superan el 45%.

Mike Gray, Noel Hodson y Gil Gordon en su libro *El teletrabajo*, publicado en 1995, explicitan varios factores que se asemejan a ventajas del teletrabajo como son: el no desplazamiento al lugar de trabajo puede suponer un ahorro diario de cincuenta y un dólares por persona. Asimismo, es evidente también el ahorro de tiempo de quien no tiene que desplazarse al trabajo que, en algunos casos, puede sumar dos horas al inicio de la jornada y un tiempo similar al término de esta. Además, si se reduce la asistencia presencial al trabajo se contribuye al descenso de la contaminación atmosférica.

Igualmente, algunos estudios confirman que quienes teletrabajan suelen solicitar menos permisos por enfermedad en términos comparativos con quienes trabajan en la oficina. También la flexibilidad horaria del teletrabajo permite mejorar la conciliación familiar. No obstante, es preciso gestionar el peligro real de trabajar más horas en casa con la sensación de estar todo el día pendiente de responder a los emails, porque a uno le inundan las cosas pendientes. Estos claros beneficios contrastan con el déficit de la percepción de aislamiento de quienes trabajan en casa porque disminuyen las relaciones humanas presentes en la oficina.

Es cierto que a quienes teletrabajan les falta el componente social, al disminuir las relaciones sociales, aunque las reuniones *online* pueden suplir en parte esta supuesta carencia y, generalmente, el teletrabajo conlleva un aumento añadido de las conversaciones telefónicas. De esta manera, es preciso tener en cuenta el temperamento de cada uno porque no todos tienen cualidades naturales para aceptar las condiciones que suponen el teletrabajo. Parece que esta modalidad sería válida para personas más autónomas, con experiencia en el trabajo personal y con un alto grado de disciplina, es decir, que sean muy ordenados. Además, es posible otras modalidades intermedias de teletrabajo, como los que van a la oficina una o dos veces a la semana a las reuniones y de ese modo mantienen activo el aspecto social. Esto es lo que se ha denominado *trabajo híbrido* que compagina el teletrabajo con ir presencialmente a trabajar.

El miedo del teletrabajo es la inquietud de los directivos, quienes pierden el férreo control que aporta la permanente presencia del trabajador en su puesto de trabajo. Además, esta desconfianza aumenta porque se desconoce cuántas horas reales trabaja realmente el empleado. En muchas empresas, los jefes todavía ejercen una labor de capataz, de fuerte control de sus empleados. En muchas ocasiones no perciben como necesario motivar a los trabajadores para que sean más innovadores, les basta con que ejecuten lo que ellos han determinado. Esto conlleva el frecuente desencanto de los trabajadores manifestado en las pocas ganas por prolongar su jornada laboral.

En el *Manual de Supervivencia. Ricardo Semler y su estilo* se cuenta la historia de la empresa SEMCO, dirigida por el propio Ricardo Semler. Se subraya que cuando se necesita contratar a un directivo, la persona que se postula para ese puesto debe ser aceptada por el resto de los trabajadores a los que va a dirigir. Por eso, según Ricardo Semler, en esta situación se valora especialmente cómo trata a las personas y cómo las motiva. Esta empresa es modelo de una industria democratizada que, entre cosas, se caracteriza porque el 15% del beneficio de la empresa es repartido entre las personas que han colaborado en esa ganancia.

Este empresario Ricardo Semler lleva más de veinte años dirigiendo la exitosa empresa Semco, que es la empresa manufacturera marina y también de maquinaría procesadora de alimentos más grande de Brasil. A lo largo de este tiempo ha implantado un innovador modo de trabajo, donde los empleados eligen sus horarios, el lugar de trabajo, se fijan sus propios sueldos, evalúan a sus jefes y participan en las decisiones importantes de la empresa. Un sistema que funciona tan bien que la compañía ha sextuplicado sus beneficios y su sistema es estudiado por las mayores empresas del mundo. Este modo de gestionar la empresa parece una utopía, pero es real. No obstante, no parece que sea imitable en todas las empresas. Es un modelo anclado en el compromiso de los empleados, pero es una cuestión importante tener claro cómo actuar cuando hay uno díscolo que se aprovecha de las circunstancias. Lo cierto es que si esto sucediera sería fácilmente detectado por el resto de los compañeros. Una nota disonante como esta se percibe fácilmente en un compromiso tan voluntario como este.

El fin de semana de siete días. No dejes que tu trabajo se adueñe de tu vida, publicado en 2005, es un libro escrito por el propio Ricardo Semler. Es una brillante apología de la libertad frente a quienes son esclavos de la competitividad y de la fiebre de los beneficios. Este libro confirma que Semco es una empresa que valora mucho la felicidad de sus empleados y la libertad para que cada uno aporte al buen funcionamiento de la empresa. La catarsis de este cambio tuvo lugar cuando el médico le dio una mala noticia a Ricardo, ya que le dijo que no podía seguir trabajando 16 horas al día los 7 días de la semana. Esta cruda realidad le llevó a decidir un cambio que supuso un giro radical en el modo que había llevado a cabo para gobernar su empresa. En primer lugar, realizó un notable cambio al sustituir el control del directivo por la autogestión de todos los empleados, fomentando la responsabilidad de cada uno de ellos, pero esto solo es posible con una alta transparencia. Él ha reiterado siempre que ha querido dirigir una empresa en la que los empleados estuvieran felices trabajando.

No cabe duda de que una persona feliz es más productiva que la que no lo es. A este respecto, un estudio titulado *Felicidad y trabajo* confirma que la felicidad en el trabajo aumenta la productividad hasta un 88%. Esta realidad afecta a la energía positiva que tienen estas personas incrementándola en un 33%. En 2014 un estudio *Global Workforce Study* en el que se habían realizado hasta 32.000 encuestas a diferentes empleados de treinta países, concluye que el 72% de los entrevistados manifiestan un mayor compromiso en el trabajo si su superior cumple con su función de dirigir de manera eficaz.

¿Cómo mejorar la productividad? Para ello es fundamental tener a los empleados contentos. En este sentido, la figura del *Chief Happines Officer* es cada vez más común en las grandes empresas.

Es una persona a la que se le asignan funciones como escuchar a los empleados, motivarles para generar sinergias positivas, fomentar el trabajo en equipo, ayudar a la autoevaluación positiva de los empleados, solucionar los conflictos laborales, generar un ambiente positivo y optimista para mejorar el clima laboral. Sin embargo, no es un mero animador cuyo encargo es ir por la empresa alentando a los trabajadores, ya que no se trata solo de mejorar el aspecto emocional, sino también la actitud y el compromiso personal de cada trabajador.

En relación con esto, se puede destacar la aportación del docente Timothy Sharp, psicólogo y fundador del *Chief Happiness Officer del Happiness Institute*, señala que la felicidad en el trabajo depende de cinco factores. El primero, el liderazgo de la empresa; tener claro cuáles son los valores que deben estar presentes en la misión de la empresa. El segundo, es una comunicación efectiva y clara desde la dirección de la empresa. El tercero, el agradecimiento y la valoración de modo constante que se puede concretar en correos que se envían con agradecimientos o valoraciones positivas. El cuarto, la promoción de las fortalezas de cada empleado, diseñando formación específica para mejorarlas. Se trata de sacar provecho de las fortalezas de todos los trabajadores y no centrarse tanto en la corrección de las debilidades. El quinto, fomentar una atmósfera más divertida. Cuando existe este ambiente y los trabajadores se divierten, eso implica que tengan más energía porque cuando las personas están felices son más productivas y trabajan con más agrado.

Sin duda, una clave de la productividad es la motivación del trabajador. En el ámbito educativo está muy presente el *efecto Pigmalión* que fue explicado por primera vez por Robert Rosenthal, profesor de Psicología en la Universidad de California, en los años sesenta del siglo XX. Este efecto está basado en el mito griego que cuenta que Pigmalión era un escultor que se enamoró de una escultura suya llamada Galatea. En la actualidad, este efecto señala que las altas expectativas del maestro influyen positivamente en el rendimiento de sus estudiantes. De modo que unas bajas expectativas también tienen una clara influencia negativa sobre los resultados. Del mismo modo a nivel empresarial, la consecución de los objetivos depende, en parte, del grado de motivación de quién los debe conseguir.

Los estudios confirman que los trabajadores optimistas suelen tener un mayor rendimiento. La Guía del Mercado laboral de 2023 realizada por HAYS, señala que el 60% de los empleados actuales se siente desmotivado, lo que afecta al impacto negativo en la productividad y en la satisfacción laboral. Esto ha generado que más empresarios quieran medir el grado de la felicidad de sus empleados. Por eso los beneficios de tener empleados optimistas son claros porque saben trabajar en equipo y tienen más compromiso con la empresa. Sin embargo, es preciso advertir que no es lo mismo la felicidad que el clima laboral, aunque la mejora de este redunda positivamente en la felicidad del trabajador. En las organizaciones, el modo de evaluar la felicidad es a través de medir el optimismo y el incremento de las emociones positivas.

En relación con la gestión empresarial, Belén Varela en su libro *La rebelión de las moscas*, publicado en 2012, señala cómo las empresas pueden ser gestionadas de un modo más optimista. Al respecto, propugna un optimismo proactivo, más ambicioso, sobre todo, cuando las circunstancias no son favorables. Se trata de cultivar continuamente en la empresa un optimismo realista para amoldar los objetivos a la realidad de las capacidades con las que se cuenta. Señala que el modo de forjar este optimismo en el seno de las organizaciones es a través de generar expectativas a diario para crear ilusiones. Esto implica conocer muy bien cuáles son las fortalezas de cada uno de los trabajadores y confiar más en ellos, apoyándose en fomentar esas fortalezas, fomentando más facilidades y oportunidades para ello.

Por lo general, los padres piden a los educadores que usen el refuerzo positivo, es decir, que al educar a sus hijos les digan más cosas buenas que malas. No obstante, esta receta cuesta usarla en el entorno laboral, todavía estamos trasnochados la mayoría de las veces en el sistema motivacional que el filósofo inglés Jeremy Bentham diseñó en 1800 basado en el mecanismo de recompensa y castigo, la denominada cultura *del palo y la zanahoria*.

Una iniciativa que puede arrojar luz en este punto es la que lleva a cabo la consultora *Great Place to work* que otorga todos los años una certificación como el mejor sitio para trabajar. Este premio se otorga tras la valoración de aspectos como credibilidad, respeto, imparcialidad, orgullo de pertenecer a la empresa o la camaradería. En 2021, en la categoría entre 50 y 500 empleados el premio fue dado a la empresa Crestanevada, dedicada a venta de coches de segunda mano. El director general de la empresa manifiesta que llevan años poniendo en práctica la filosofía *kaizen*, una estrategia de mejora continua, que notablemente da sus resultados positivos.

Esta filosofía Kaizen tiene un significado derivado de dos sinogramas de escritura japonesa que significan *bueno* y *cambio*. Comenzó en Estados Unidos después de la segunda Guerra Mundial, aunque se desplegó posteriormente en Japón como método para implementar pequeñas mejoras que tuvieran alto impacto. Esta metodología de crecimiento permitió un desarrollo constante de Japón en todos los ámbitos, lo que proporcionó una pronta recuperación después de la devastadora guerra.

Al respecto, es pertinente aclarar que el teletrabajo facilita la flexibilidad laboral, estaría bien observar si la pandemia nos ha ayudado, realmente, a comprender la necesidad de la conciliación familiar. No tiene sentido que cada día estemos más tiempo en el trabajo y menos con los seres a los que queremos. Algo es necesario modificar en este modelo actual, tan absorbente. Por eso es precisa una racionalización del trabajo. ¿Qué es lo que buscamos con el trabajo? La solución a esta aporía ha sido apelar a la conciencia ética del empresario, pero quizá es momento de que a nivel legislativo también los políticos ayuden marcando una clara dirección valorando la familia y la pertinencia de dedicar tiempo de calidad a los seres queridos porque eso va a beneficiar a la productividad de un trabajador.

Un ejemplo de las ventajas del teletrabajo es la telemedicina, que facilita las consultas de la atención primaria, ya que ayudan a evitar los desplazamientos y recorta los tiempos de espera en el diagnóstico y en el tratamiento. Un estudio de *mediQuo* confirma que las consultas de telemedicina han aumentado un 153% en España.

En conclusión, la pandemia sí ha servido para que algunos empresarios se percaten de la necesidad de contar más con mejorar la motivación de los trabajadores y no quedarse solamente en controlar las funciones que se les han asignado. El teletrabajo ha abierto la mente para sensibilizar en la necesidad de dar más autonomía al trabajador, sobre todo, en muchos puestos de trabajo que no es necesaria la atención directa al público. Asimismo, es pertinente gestionar bien el teletrabajo para que vaya en consonancia con mejorar la conciliación familiar y, principalmente, la satisfacción de los trabajadores. Por último, el aumento del teletrabajo en diversos ámbitos económicos supondrá una auténtica reconversión socioeconómica que modificará hábitos sociales.

3. La clave del futuro es crear empleo sostenible

La crisis sanitaria de la pandemia ha provocado una seria reflexión sobre cuál es el principal empleo que debe generarse. La crisis de 2008 fue un estímulo para reflexionar sobre cómo debía ser el empleo del futuro. Asimismo, la crisis económica agrandada por la pandemia del COVID-19 ha estimulado la pertinencia de una reflexión profunda y con carácter de urgencia, puesto que se impone la necesidad de tomar medidas prácticas en el mundo laboral tanto a corto como a largo plazo. Hasta ahora la generación de empleo siempre había estado ligado fuertemente a la eficiencia y a la productividad.

Sin embargo, ahora, en el tiempo postpandemia, se abre una gran oportunidad para aprender de esta crisis sanitaria y económica e introducir una clave más humana con trabajos que permitan no solo ganar dinero, sino que faciliten un pertinente desarrollo de la personalidad de cada trabajador. Al respecto, se ha aceptado la conveniencia de que el empleo sea sostenible y que respete el medio ambiente. A pesar de ello, no deja de ser curioso que todavía con lo que estamos sufriendo no nos planteemos la idoneidad de que el empleo impulse un verdadero desarrollo de la persona, que nos ayude a ser más felices y, por tanto, a ser mejores personas.

El concepto de *empleo* ha cambiado, ya que, en este momento, no se entiende en clave exclusivamente de seguridad con la ansiada ilusión de tener un empleo fijo, asalariado por cuenta ajena. Ya es una realidad que muchos de los trabajos dentro de diez años serán tareas digitales, que en su gran mayoría todavía no existen. Por eso, cada vez más, a nivel empresarial, se busca el valor añadido que cada persona puede realmente aportar. Las preguntas que se formulan con mayor frecuencia en las entrevistas de trabajo son: ¿qué sabe hacer?, ¿en qué es bueno? o ¿qué piensa que puede aportar a esta empresa? Estas preguntas suelen ser formuladas por los directivos de RRHH en las entrevistas de trabajo.

Según lo apuntado, los estudios y la capacitación profesional deberían ser una puerta abierta para el desarrollo personal y para integrarse en un equipo de trabajo aportando soluciones creativas. Por supuesto que la titulación lograda es la vía de acceso al mercado laboral, ya que tener un buen expediente significa que esa persona ha demostrado durante su formación que tiene afán de superación, con un claro interés por mejorar. Además, manifiesta que es ambicioso, que no es conformista, que es altamente competitivo y que tiene una gran fuerza de voluntad: todos estos son valores en alza.

Además, en relación con los empleos del futuro, conviene destacar que el concepto de *empleo verde* está cada vez más presente en la cultura empresarial, al menos ese es el objetivo de la Organización Internacional del Trabajo y de las Naciones Unidas. Desde esta organización se ha apostado por este tipo de empleo. Por eso lo definen como aquel que contribuye directamente a la sostenibilidad porque, en primer lugar, produce bienes ambientales y, en segundo lugar, porque usa de modo más eficiente los recursos naturales. En definitiva, se trata de no comprometer injustamente el futuro de las generaciones posteriores, lo que implica ser honestos para evitar agotar totalmente los recursos naturales, buscando otras vías alternativas.

El empleo del futuro no se basará tanto en las competencias técnicas, ya que estas se automatizarán y serán realizadas en su gran mayoría por robots. Las grandes empresas de recursos humanos están priorizando el valor diferencial que puede aportar el ser humano con competencias no técnicas como la capacidad empática para crear un clima de trabajo positivo, la gestión para fomentar las emociones positivas, la capacidad de realizar un análisis a nivel sociológico de las necesidades humanas, el discernimiento de cuáles son los factores que van a lograr mejorar el rendimiento, la capacidad de identificarse con la misión de la empresa y el compromiso, junto a la creatividad, el optimismo y la proactividad, unido a la capacidad del conocimiento propio y de las personas con las que uno trabaja para descubrir sus cualidades personales y encontrar en qué puesto un trabajador puede rendir más, lo cual ayudará especialmente a que cada uno se sienta más a gusto y, por tanto, rinda más para la empresa.

Un estudio de dos docentes de Oxford[14], publicado en enero de 2017, explica que el 86% de los empleos en restaurantes o el 75% de los empleos en el comercio minorista y el 59% de los empleados en la industria del entretenimiento podrían estar automatizados para el 2035. La realidad es que el uso de robots mecanizando tareas que son rutinarias va en alza, lo que ya permite un ahorro de recursos humanos, aunque la inversión de la compra de robots sea inicialmente alta se amortizará con el tiempo.

El *Henn Na Hotel*, abierto en 2015, situado en Nagasaki, es el primer hotel del mundo atendido por robots. Tareas como el *check in* o el transporte de las maletas se realiza por robots. Un robot situado en la mesilla de noche gestiona el encendido y apagado de las luces, además, regula la temperatura e informa sobre el clima. El acceso a la habitación es por reconocimiento facial. Tiene más de doscientos robots que se encargan también de la limpieza. Sin embargo, el cambio de sábanas es una tarea que, debido a su complicada gestión, todavía no puede ser realizada por los robots, por eso, es llevada a cabo por el personal humano. Además, las personas que trabajan en el hotel tienen como misión gestionar la inteligencia artificial para que todo funcione correctamente.

¿En qué no nos pueden sustituir las máquinas? El ser humano tiene la capacidad de analizar las emociones de las personas, la posibilidad de comprender las situaciones complejas y es capaz de aportar soluciones creativas o de prever cuáles serán las circunstancias de riesgo. Además, se va a requerir mucho personal en el diseño de estos robots y en la gestión de la inteligencia artificial, siendo estos los trabajos del futuro.

14. Frey, C. B. y Osborne, M. A. (2017). The future of employment: How susceptible are Jobs to computerisation? *Technological Forecasti and Social Change*, 114, pp 254-280.

Nadie duda de que los robots no tienen emociones, aunque se les puede enseñar a reconocerlas y a interpretarlas según un modelo matemático basado en estadísticas sobre cómo son las reacciones emocionales en el ser humano, como un modo de predecir las emociones. Esto indica que la gestión de la inteligencia emocional se convierte ya en algo sumamente relevante y valorado en el trabajo, así como un punto en el que el ser humano no tendrá competencia con los robots. En este sentido, el líder del futuro tiene que gestionar bien las emociones de sus empleados. Es como el liderazgo que ejerce un entrenador de fútbol que tiene la misión de ser un motivador y de gestionar las emociones de sus jugadores para observar quién está más en forma físicamente y quien está a tope de confianza. Una tendencia negativa de un equipo con continuos malos resultados puede generar una dinámica de desconfianza que lleve a los jugadores a no regatear o a no intentar jugadas debido a su bajo estado de ánimo.

Es necesario que el empleo del futuro sea acorde con la cuarta revolución industrial, la denominada *tecnológica*, dejando atrás la repetición de tareas de la cadena de producción de la primera revolución industrial, puesto que estas tareas ya se están automatizando. Por eso nos encaminamos hacia un empleo más centrado en la gestión del talento y la creatividad del ser humano. Se debería dar más importancia al capital humano, el que puede implicar una ventaja diferencial frente a la competencia. Asimismo, parece que la especialización del trabajo no versará solamente en la capacidad para realizar unas explícitas funciones, sino en el carácter competencial, ya que es imprescindible superar el concepto de trabajo manual de la cadena de producción del taylorismo. Por tanto, se trata de valorar si alguien es capaz de aumentar la producción mejorando cómo se está realizando y no tanto que ejecute mecánicamente una acción en el menor tiempo posible. En el fondo, el futuro del empleo implica gestionar el talento del trabajador.

Esto es conforme a lo que los jóvenes piensan, actualmente, ya que un estudio de Infojobs de 2021 muestra que el 41% de los jóvenes de entre 16 y 24 años con trabajo pretende cambiar de puesto de trabajo en los próximos 6 meses. Los motivos para el cambio se deben a que quieren buscar un empleo que les ayude a desarrollar las competencias o realizar tareas más motivantes. Esta actual volatilidad en el empleo juvenil es significativa, indicando cuáles son las preferencias de los jóvenes. Sin embargo, a veces los adultos no entendemos estas predilecciones de los jóvenes y consideramos que son excesivamente indecisos sin saber lo que quieren y, por eso, especulamos con que les falta criterio porque desconocen que el mercado laboral es cruel, incluso podemos pensar que sus decisiones son fruto de un capricho.

En definitiva, la postpandemia debería ser aprovechada como una bonita coyuntura para reinventarse, es decir, como un momento de optimizar el autoconocimiento para sacar lo mejor de uno mismo y tratar de potenciarlo. En este sentido, la soledad sufrida durante la pandemia nos debería haber ayudado a comprender la necesidad de conocernos mejor. Sin duda si nos planteamos la creatividad como nota distintiva en el mercado laboral es preciso que gestionemos las escuelas y la educación de otro modo, procurando el desarrollo de la creatividad como nota esencial del currículo. Es preciso el desarrollo de lo que hoy se denominan las *soft skills*, esas competencias que tienen que ver con la habilidad de comunicación, con la capacidad de análisis, con el pensamiento crítico, la creatividad y la flexibilidad.

4. ¿Es posible una regeneración del capitalismo?

Lluís Boada en su libro titulado *La senectud del capitalismo: un reto a la juventud*, publicado en 2017, se dirige a los jóvenes para prevenirles de que caigan en las trampas del capitalismo y les impera a que no se olviden de los auténticos valores humanos. Es cierto que el motor del capitalismo es el afán de lucro, porque la clave es ganar dinero con el mínimo esfuerzo, aunque cada vez importa menos si es de forma ética o no. Hoy no faltan argumentos para instalarse en el subjetivismo moral, ya que nadie puede apropiarse de lo que es ético. De modo que la verdad ética se ha convertido en individual, ya que cada uno tiene la suya. Sin embargo, sería una arrogancia intelectual adueñarse del concepto de qué es *lo ético*, quizá porque hemos aceptado que nadie debería tener la autoridad moral para decidir en plenitud este concepto, puesto que nadie puede imponer su propia verdad a los demás.

Los dos grandes modelos en los que el capitalismo se sostiene, tanto la economía neoliberal como la propuesta Keynesiana consideran que el indicador que mide el crecimiento de una economía es el Producto Interior Bruto (PIB), que mide el valor de los bienes y servicios producidos a nivel nacional. Sin embargo, todavía no nos hemos planteado que lo más ético sería medir el impacto de la economía en las relaciones humanas saludables para que faciliten ser más feliz. Está claro que el objetivo prioritario de la economía no puede ser la felicidad, pero no debería obstaculizarla, sino facilitarla.

Thomas Piketty, asesor del Ministerio de Finanzas francés, en su libro *El capital en el siglo XXI*, publicado en 2014, afirma que la tasa de rendimiento del capital es superior a la tasa de crecimiento de la economía. Pero qué significa esto. Pues sencillamente que los que tienen más capital serán cada vez más ricos porque su dinero logra más rentabilidad que la tasa real de crecimiento de la economía. Por eso es una realidad que el modelo actual de capitalismo privilegia las rentas de capital, es decir, a los más ricos frente a los pobres, lo que supone aceptar que la desigual distribución de la riqueza va a seguir creciendo, lo que, incluso podría poner en peligro el modelo económico actual.

De momento tenemos una venda en los ojos y no queremos ver esta realidad, pero los datos no engañan. En este sentido, António Guterres, secretario general de la ONU, pronunció un discurso en el homenaje a Nelson Mandela el 18 de julio de 2022, en el que señaló que las 26 personas más ricas del mundo poseen tanta riqueza como la mitad de la población. También dio otro dato más alarmante porque, según él, entre 1980 y 2016, el 1% más rico logró el 27% del crecimiento total de los ingresos a nivel mundial. Esto confirma que todavía nos queda por recorrer un largo camino para luchar contra la imperante y actual desigualdad económica que nos azota. Esto ratifica que el sistema capitalista beneficia, sobre todo, a unos pocos. Sin embargo, sería optimo reflexionar si existe alguna posibilidad de cambiar esta tendencia.

Piketty propone solucionar estas desigualdades grabando las rentas de capital, de forma que su rendimiento se iguale a la tasa de rendimiento de la economía. En concreto, sugiere la aplicación de una tasa impositiva del 80% para las rentas superiores al millón de euros y un impuesto progresivo al patrimonio neto del 1% para patrimonios cuyo valor se sitúe entre 1 millón y 5 millones de euros y otro del 2% para patrimonios superiores a cinco millones de euros y una tasa sobre el patrimonio entre el 10% y 20% para las fortunas superiores a los mil millones de euros.

Esta propuesta ha tenido su eco, ya que el 24 de junio de 2019 un grupo de 19 multimillonarios como George Soros, Abigail Disney, Chris Hughes y los Pritzcr firmaban una carta en la que propugnaban la necesidad de un impuesto moderado a la riqueza. El argumento utilizado es que las grandes empresas no deben repartir sus dividendos solamente entre los accionistas, sino que sería justo valorar la necesidad de devolver a la comunidad la oportunidad que han recibido de obtener todos esos beneficios. ¿Estamos ante el inicio de una reformulación del capitalismo?

Es cierto que la pandemia ha afectado distintamente a los bolsillos de las personas porque, por ejemplo, la fortuna de los hombres más ricos del mundo ha crecido, ya que terminaron 2020 con un 24% más de patrimonio que el año anterior y en 2021 con un 30%, según el índice Bloomberg. No obstante, alguna fortuna sufrió algún retroceso como fue el caso de Amancio Ortega.

Los últimos datos confirman que gracias a la inteligencia artificial, a la venta de productos de lujo y las tendencias geopolíticas en 2023 ha confirmado que son 15 las personas que podemos denominar ultrarricos; son aquellos que tienen una fortuna valorada en más de USD 100.000 millones. Estos megáricos han visto cómo su patrimonio neto combinado ha aumentado un 13% en 2023.

En contraste con este aumento en el poder adquisitivo de las grandes fortunas, está la realidad de que el riesgo de pobreza ha crecido considerablemente. El informe anual sobre la desigualdad publicado por Oxfam Intermón en 2021 indicaba que las consecuencias económicas de la pandemia, en España, iban a dejar a más personas por debajo del umbral de pobreza, en torno a un millón y un total de 790.000 en pobreza severa.

En este punto conviene explicar qué se entiende por *umbral de pobreza*. En concreto, son aquellas personas que viven con menos del equivalente de 24 euros al día y, según este informe, ha aumentado hasta el 10,86% de la población española, actualmente, casi cinco millones de personas. Además, el Banco Mundial[15] ya ha avisado que será imposible cumplir el objetivo de bajar el porcentaje de personas por debajo del umbral a menos del 3% de la po-

---

15. *https://openknowledge.worldbank.org/bitstream/handle/10986/34496/9781464816024.pdf*

blación mundial para el 2030, pero dado que las consecuencias de la pandemia se van a hacer notar al menos durante los próximos diez años parece que no seremos capaces de reducir esta tasa de pobreza. En sintonía con esta alarmante realidad también es preocupante que el índice de Gini haya ascendido en 2020 del 33% al 34,15%. Este coeficiente mide la desigualdad en los ingresos.

El informe AROPE de 2023 indica que, en España, unos 12,3 millones de personas están en situación de AROPE, que son personas en riesgo de pobreza y/o exclusión social, un 26%, habiendo descendido 1,8%.

El docente Klaus Schwab, en un artículo publicado el 3 de junio de 2020[16], afirmaba la necesidad de un reinicio de la actual economía fundamentado en tres pilares. El primero sería guiar al mercado hacia resultados más justos y para ello Schwab sugiere cambiar los tipos impositivos con reformas llevadas a cabo por los gobiernos con el fin de buscar resultados más equitativos. Por ejemplo, con impuestos sobre el patrimonio, retirar los subsidios a los combustibles fósiles y arbitrar nuevas reglas para proteger más la propiedad intelectual, el comercio y que rijan la competencia.

El segundo pilar se refiere a incentivar más inversiones en igualdad y sostenibilidad, con objetivos compartidos por todos los gobiernos. En este sentido, los fondos de las grandes naciones no deberían destinarse a cubrir las grietas del viejo sistema capitalista como la cobertura de las pensiones, sino que es conveniente una estrategia a largo plazo para promocionar una economía más sostenible enfocada a una infraestructura urbana verde, con incentivos a industrias que gobiernen según esta economía sostenible.

El tercer pilar sería tomarse en sería la más que incipiente cuarta revolución industrial, aportando innovaciones de carácter

---

16. *https://www.weforum.org/agenda/2020/06/now-is-the-time-for-a-great-reset/*

tecnológico. Este último pilar está en relación con lo que señalan Philippe Aghion, Simon Bunel y Celine Antonin en su libro publicado en 2012 titulado *El poder de la destrucción creativa. ¿Qué impulsa el crecimiento económico?*, advirtiendo que la innovación es indispensable para combatir la pobreza. Estos autores recalcan la prioridad de estimular la innovación y el crecimiento económico mediante políticas horizontales aplicables a todos los sectores económicos. Estas políticas se deberían fundamentar en tres principios básicos: primero, invertir en la economía del conocimiento, es decir, en la educación superior y en la investigación. Segundo, reformar el mercado laboral para lograr que sea más dinámico. Tercero, generar mercados de capital riesgo para facilitar la financiación de las innovaciones necesarias que mejoren el futuro.

Se han presentado varias reformas del capitalismo como la propuesta desarrollada por los expertos Paul Hawken y Amory Lovins en el *Rocky Moutain Institute* (RMI), quienes han reivindicado pasar de una economía de consumo a una *economía de servicios*. Esta reforma se ha denominado *capitalismo natural*. Básicamente se trata de mejorar la productividad empleando menos energía para producirla. Ambos autores postulan cuatro cambios imprescindibles. El primero, incrementar la productividad de los recursos naturales; el segundo, diseñar la producción de las empresas basada en líneas biológicas, sin desperdicios y sin toxicidad; el tercero, un cambio en el modelo de negocio, dejando que no esté tan centrado en la venta de bienes, sino en el alquiler de servicios que sean útiles para satisfacer las necesidades que debería cubrir la compra del bien deseado; el cuarto, reinvertir en capital natural para sostener el ecosistema del planeta[17].

---

17. Cfr. Lovins, A. B., Hunter, L. y Hawken, P. (2008). Una ruta hacia el capitalismo natural. *Harvard Business Review*, 86(6), 68-82

El *capitalismo regenerativo* es otra novedosa propuesta, liderada por John Fullerton, quien después de trabajar veinte años en el banco más grande de EE.UU. el *JP Morgan & Chase Co.* decidió abandonarlo porque no se veía identificado con sus valores. Después de una larga reflexión intentando dar sentido a su vida se da cuenta de que la naturaleza es un sistema que tiene unas reglas que deben ser respetadas y lo lógico sería adaptar la economía a este sistema y al propio desarrollo de la naturaleza. Con mucho sentido común, en un libro publicado en 2015 por el Capital Institute titulado *Capitalismo regenerativo. Cómo los principios y patrones universales determinarán nuestra Nueva Economía* afirma que es pertinente rediseñar los principios económicos para respetar el equilibrio de la salud del cosmos. Por eso, lo más sensato, según Fullerton, sería averiguar cómo funciona el universo para identificar los factores subyacentes que generan la salud sistémica, de modo que sean la guía para diseñar una economía más regenerativa. John es muy crítico con las actuales medidas de sostenibilidad porque las considera insuficientes, ya que no se trata solamente de respetar el medio ambiente, sino de actuar conforme a él, ser guiados por él.

Al respecto, otra propuesta económica es la *economía azul* que ha planteado Gunter Pauli, un emprendedor belga, quien plantea un modelo sostenible a largo plazo, basado en generar pocos residuos, tratando además de aprovechar todos los residuos y desechos. Este economista es famoso porque creó la primera fábrica ecológica del mundo situada en Bélgica, con cero emisiones. Esta empresa se llama ECOVER que se dedica a la fabricación de detergentes y Pauli la lideró desde 1991 hasta 1993, dejando su cargo cuando constató que el aceite de palma utilizado en la masiva fabricación de sus productos estaba destruyendo el bosque tropical de Indonesia, mostrando así una actitud coherente con lo que postulaba.

Un análisis más detallado de la propuesta de Gunter Pauli se observa en las cien iniciativas empresariales novedosas explicadas en su libro *La economía azul: 10 años, 100 innovaciones, 100 millones de empleos. Un informe para el Club de Roma*, publicado en 2011. Es una propuesta basada en que más del 70% de la superficie del planeta está ocupada por mares y océanos. Esta realidad invita a buscar maneras para innovar y crecer en la economía aprovechando así las posibilidades que proporciona el planeta. Además, Pauli está empeñado en la necesidad de cubrir la demanda local con productos locales y en la reutilización de los recursos naturales.

La *economía del bien común* es un modelo alternativo al capitalismo que propone Christian Felber. En su libro *La economía del bien común: un modelo económico que supera la dicotomía entre capitalismo y comunismo*, publicado en castellano en 2015, afirma la necesidad necesidad de que el modelo económico se base en los principales valores que promueven las constituciones como la dignidad humana, la igualdad, la justicia social, la solidaridad y la sostenibilidad ecológica. Esto implica cambios a nivel de organización de las empresas, puesto que con valentía plantea democratizarlas. Su propuesta es radical porque quiere establecer indicadores económicos diferentes al PIB basados en la justicia social y el medio ambiente. Señala que los economistas son humanistas y se requiere que en las escuelas de negocios se planteen estas cuestiones éticas, profundas y no solamente se aprenda a ganar dinero como si fuese el único ideal de la vida lograda. Según Felber, el capitalismo es un modo de recompensar culturalmente el egoísmo. En contraste con esta afirmación, él plantea un modo de crecimiento económico quizá utópico, difícil de implementarse, ya que la cultura actual no sigue esas directrices.

¿Está agotado el capitalismo? Algunos hablan de que está en una fase tóxica porque no ha resuelto las desigualdades, sino que las acrecienta. Sin embargo, no hay, en la actualidad, un recambio seguro al capitalismo, ya que, en el siglo XX, la contrapartida era el socialismo, pero dado el fracaso de esta utopía, la gente se está aferrando al capitalismo, quizá de modo resignado, pero sin un futuro halagüeño de que pueda ser sustituido por otro modo de gestionar la riqueza y los recursos naturales. Al respecto, Juan Luis Cebrián en su libro *Caos. El poder de los idiotas*, publicado en 2020, señala que es preciso reinventar una moral del capitalismo. Sin duda, el capitalismo se mide en términos cuantitativos, de puro beneficio. Por eso la ética del capitalismo tiene un único límite que es la conocida ley de oferta y demanda. El modelo está basado en la pura especulación generado por esta ley. El precio depende de cuánto alguien esté dispuesto a pagar por un producto, independientemente de si se le esté engañando u omitiendo información. No obstante, algo no se está haciendo bien cuando tenemos la sociedad más avanzada, pero con un notable aumento de suicidios. Por ejemplo, en España, según los datos del INE, el número de suicidios va en aumento de los 3.539 suicidios de 2018 se ha pasado a los 3.671 en 2019; a los 3.941 en 2020; a los 4.003 en 2021 y, finalmente, 4.097 en el 2022, en 2023 el número de suicidios ha sido de 3.952, con una ligera bajada respecto al año anterior. Insisto en la pertinencia de que la postpandemia es la gran oportunidad que se nos brinda de dar un vuelco de ciento ochenta grados a esta trágica situación.

Los datos del Centro Nacional de Estadísticas de Salud de EE.UU. confirman que los suicidios en Estados Unidos disminuyeron un 3% de 2019 a 2020, si bien aumentaron los factores de riesgo, aunque esta no es la tendencia de los últimos años. En 2022, se registraron en EE.UU., que se sepa, 49.449 muertes por autolesiones intencionadas, más de 14 muertes por cada 100.000 habitantes. Suelen ser personas adultas que se causan la muerte por armas de fuego. Sin embargo, hay un cierto halo de esperanza porque hay dos tasas que bajan, la de niños de 10 a 14 años, que se redujo un 18% y la de jóvenes de 15 a 24 que disminuyó un 9%, o sea, que algo se está haciendo bien y los datos lo confirman.

El premio nobel de economía Angus Deaton, en 2015, y Anne Case, Catedrática Emérita de Economía y Asuntos Públicos de la Universidad de Princeton, publican su libro *Muertes por desesperación y el futuro del capitalismo* en el que muestran su sorpresa por el aumento de muertes originadas por la desesperación que lleva a estas personas al suicidio, a la desesperanza total o al consumo de drogas. En este sentido, señalan que para paliar esta negatividad o falta de energía para afrontar las dificultades lo habitual es recurrir al consumo de drogas y también a ingerir alcohol en cantidades anómalas como consuelo ante los fracasos personales.

La droga del fentanilo es un fármaco opiáceo sintético que se usa como analgésico (alivio del dolor) y anestésico. Parece que es casi 100 veces más potente que la morfina y 50 más que la heroína y está causando últimamente muchas muertes por sobredosis. Su uso se disparó con la pandemia. La muerte por sobredosis ya es la principal causa de muerte en las grandes ciudades de Estados Unidos. Andrea Tirado ha escrito un libro titulado *Fentanilo: Sobredosis Suicidio o Resiliencia*, publicado en 2023. Esta autora cuenta en el libro cómo ha conseguido salir de la adicción del fentanilo y las consecuencias tan negativas que tiene esta droga por el daño cerebral que produce. El problema de esta droga, según su autora, es que incita a comportamientos suicidas.

Sin embargo, la desesperación total que subyace en algunas personas está ocasionando claras huidas de la realidad que, por desgracia, muchas están terminando en muertes por sobredosis o por enfermedades en relación con el exceso de consumo de alcohol y todo por la negativa interpretación de la excesiva competitividad que supone el inhumano y despiadado capitalismo. Estos autores no sostienen que haya que desechar el capitalismo, pero sí que advierten de que es un sistema que tiene que servir a la gente y no que la gente se vea obligada a servir al sistema.

Capítulo 4

¿Es posible un nuevo paradigma en la educación?

1. La escuela y la socialización en la era de Internet

La sociedad postmoderna tiene unas cualidades que la caracterizan netamente y que deben estar presentes en la acción educativa. Estas son un consumismo exacerbado, un hedonismo ilimitado, la firme convicción de que cada uno es dueño de la propia vida –porque es libre de autoritarismos o imposiciones–, un culto exagerado a la tecnología y la absoluta prioridad de las emociones. Es una sociedad en la que la libertad se ha limitado a la consecución de las metas que cada uno se proponga, como señala el sociólogo Zygman Bauman[18]. ¿Qué tipo de escuela queremos para subsanar este áspero y trágico diagnóstico de la sociedad?

Actualmente, uno de los objetivos de la escuela es la socialización, una preparación para la vida adulta, buscando la integración de cada estudiante en la sociedad. No se trata solo de socializar, sino de ayudar a la reflexión para que cada estudiante adopte el compromiso de mejorar la sociedad en la que vive y no se limite

---

18. Bauman, Z. (1996). Teoría sociológica de la posmodernidad. *Espiral*, 2(5), 81-102.

a respetar al otro, pero sin observar la necesidad de ayudarle. En este sentido, sería un claro reduccionismo limitar la convivencia al hecho material de no molestar. No es buen alumno el que no molesta, sino el que ayuda a crear un ambiente de continua mejora personal suya y de los que le rodean. Igualmente, esto podría ser aplicado también a los docentes como promotores de la mejora personal de los educandos.

Asimismo, es pertinente no olvidar que la generación actual, que nace inmersa en un mundo globalizado y digitalizado, no entiende por *socialización* lo mismo que las generaciones anteriores. Hemos renunciado a que el fin de la socialización sea mejorar la sociedad en la que vivimos, conformándonos con la paradoja de una convivencia individualista, que no limite la libertad de quienes nos rodean.

La pluralidad de la sociedad ha implicado que el principal valor de la sociedad sea el respeto y la tolerancia, desplazando otros como la solidaridad. El respeto al otro es la *conditio sine qua non* sin la que no se puede convivir, pero lo propio de una sociedad que quiera crecer y ser más humana es ayudar de modo proactivo al otro, sin confundir que esto deba ser entendido como entrometerse en la vida del otro. ¿Por qué estamos inundados de un conformismo social? Aunque no es sencillo que la reflexión postpandemia nos despierte de este letargo.

Las circunstancias vividas alrededor de esta macro pandemia están provocando que cada día seamos más dependientes de la tecnología. Esta es una realidad palpable, aunque no nos guste. ¿En qué radica esta dependencia? En el mundo laboral consiste en la clara apuesta por el teletrabajo. En nuestras relaciones reside en la comunicación a través de las redes sociales. Lo cierto es que durante los meses de confinamiento se habló más por teléfono que en épocas anteriores. De modo inesperado se impuso la costumbre del uso de las videollamadas que, al menos, permitían ver la cara de la persona con la que se hablaba. En España, según el informe *Digital Report 2021*[19], el 57% de los usuarios había hecho videollamadas en el último año.

Un estudio realizado en España en 2018 por Telefónica sobre hábitos digitales confirma que un 96,8% de los jóvenes entre 14 y 24 años preferían usar WhatsApp para comunicarse con sus familiares antes que una llamada. No obstante, para comunicarse con los amigos, un 39% de los jóvenes entre 14 y 19 reconocieron que a menudo hacen videollamadas.

En este momento, hemos aceptado que el progreso depende de cómo evolucione la tecnología y de cómo sea aprovechada. Pero, es un peligro convertir los instrumentos digitales en los amos de nuestras vidas. Una muestra de ello es que la gente aborrece olvidarse el móvil en casa, detesta no estar conectado. Por eso, la *nomofobia*, el miedo a quedarse sin teléfono móvil va en aumento. Parece que ya más de un 60% de la población mundial padece este síndrome. Esta adicción se traduce en la ansiedad sufrida cuando alguien pierde el acceso a su celular. Son los adolescentes entre 14 y 16 años quienes padecen especialmente este trastorno porque necesitan ser aceptados por los demás y el móvil les ayuda a conseguirlo porque lo usan para comunicarse con sus amigos.

Es llamativo que lo primero que hacen los adolescentes al llegar a un lugar es preguntar cuál es la wifi y la clave para conectarse. El número de personas *enganchadas,* incluso hasta que pueden ser tratadas como adictas al uso del móvil, va en aumento. Ya existen terapias para desengancharse de esta adicción, incluso algunos, con un comportamiento sumamente estoico, han comenzado a hacer *ayuno de móvil.* Lo más sensato es usarlo de modo prudente y como una herramienta útil, lo cual requiere un aprendizaje.

19. *https://wearesocial.com/uk/blog/2021/01/digital-2021-uk/*

En el estudio realizado en 2022 por la Fundación FAD juventud titulado *Consumir, crear, jugar. Panorámica del ocio digital de la juventud* confirma que el 75% de los jóvenes están suscritos a algún tipo de servicio online de contenido audiovisual de pago. Más datos significativos, uno de cada tres le gustaría dedicarse a la creación de contenido. El número de horas que pasan al día en el entorno digital supera las siete horas. Un 86% juegan habitualmente utilizando el móvil, son *gamers*. Además, uno de cada tres está enganchado al móvil y más de un 60% suele dormir con móvil.

¿Cómo puede la escuela cumplir la función prioritaria que se le ha otorgado cuando esta generación tiene como fuentes de información Google y YouTube, incluso por encima de la autoridad del docente? Es momento de replantearse los objetivos de la escuela actual, netamente presencial y muy unidireccional, aunque se defienda que se trabaja respetando la bidireccionalidad. La realidad es que el conocimiento que fluye del docente a los estudiantes puede estar quebrándose. Lo curioso es que la escuela es una institución prioritaria, fundamental en el propio desarrollo personal, pero se ha modificado muy poco basta ver una fotografía de un aula hace cien años y una actual.

¿Qué tipo de socialización queremos inculcar a nuestros estudiantes en una sociedad en la que se invierte tanto tiempo en el uso de Internet? Siguiendo con la distinción de Prensky entre nativos e inmigrantes digitales, es llamativo cómo estos últimos, quienes han nacido antes de la irrupción de Internet, pretenden enseñar a vivir a los nativos digitales en un mundo copado por lo digital.

La cultura digital en la que están inmersos los jóvenes da mucha relevancia al tiempo del ocio y a las relaciones interpersonales. Los jóvenes se socializan a través de la red porque saben que quién no esté en ella no es nadie, deja de *estar en la onda*, como ellos hablan. En este sentido, lo esencial es gestionar cómo cada uno quiere ser visto en las redes sociales por los demás, el cómo seas percibido, por eso es fundamental el perfil que uno tenga en estas redes sociales. Lo curioso que esta prioridad de los jóvenes no es algo entendido por los adultos porque vivimos en mundos diferentes. Esto implica que, con frecuencia, estos jóvenes no se sientan comprendidos por los adultos. Sin duda, las preferencias no son las mismas y, por consiguiente, tampoco los valores, ya que para los jóvenes actuales es una prioridad estar siempre conectados. En definitiva, la pandemia nos ha indicado que esta sociedad está enferma. ¿Qué es lo que queremos con esta intención de socializar a los jóvenes para que se hagan adultos y vivan en esta sociedad? Me resigno a que ese sea el ideal a conseguir en el ámbito escolar. Profundamente optimista, creo que esta sociedad puede crecer y ser más humana, para ello tenemos que ser más ambiciosos en los fines que nos propongamos. Socializar no es solo educar para que los educandos respeten al otro, sino aprender para vivir unas relaciones sociales que no se queden solamente en la superficialidad, sino que necesitamos unas relaciones interpersonales que tengan como fin ayudar al otro a ser mejores personas, como objetivo prioritario. Sin soslayar que el ser humano desea ser feliz y la felicidad para él es prioritaria.

2. Los cambios que demanda el nuevo modelo educativo

Si uno observa una fotografía de cómo es la disposición en el espacio de una clase del siglo XIX se dará cuenta de que están llenas de mesas perfectamente alineadas, resaltando la figura de un docente que explica y unos niños que le están mirando desangelados. Al contemplar otra fotografía actual de una clase se percibe que el mobiliario ha cambiado, quizá también la pizarra, que ahora suele ser digital, pero la disposición del docente y de los estudiantes es bastante idéntica. Este es un dato esclarecedor de que el modelo educativo apenas ha cambiado en los últimos años. Sin embargo, la pandemia ha trastocado la esencia de la educación presencial, viéndonos obligados al uso de la tecnología para impartir clases de modo virtual. Esta necesidad no elegida por el docente le ha generado ansiedad, ya que su dominio del medio online no es alto. La sensación de impotencia ante la sufrida incapacidad para impartir sesiones online suscita un estrés no fácil de gobernar. Lo cierto es que la pandemia ha sacado a los docentes de su cómodo hábitat natural, lo cual debería incentivar una reflexión más profunda acerca del verdadero sentido de la educación.

Tras el tiempo de pandemia retumba en nuestro interior una pregunta: ¿las clases *online* empobrecen el actual sistema de aprendizaje? La respuesta no es sencilla, ya que depende de cuál sea el objetivo de la clase. Si lo único importante es escuchar al docente, ciertamente las condiciones *offline* son mejores porque es más dinámico ver al docente y sentir su cercanía. Si el objetivo es que aprendan, lo primero es conocer si al estudiante le interesa el contenido a estudiar y cuál es su motivación para aprenderlo.

Un aspecto de este tiempo raro que hemos vivido y que es llamativamente positivo y esperanzador es el constante grado de adaptación de los docentes, que ha sido visualizado de un modo patente durante la pandemia. Otro dato es la creciente humildad del docente que ha dejado de creerse protagonista de la educación, asumiendo que ese papel le corresponde a quien aprende, al estudiante.

En la actualidad, se considera que el docente es guía del aprendizaje, aunque esta concepción no es suficiente porque se debe precisar qué significa ser guía. Con el sentido de aclarar esta cuestión se puede indicar que *guía* es quien enseña el camino y quien es capaz de llevar a una persona de un lugar a otro. No obstante, ser guía parece meramente una función, soslayando quizá aspectos relevantes y sin que se vea obligado a preocuparse de la persona, de cómo ha llegado y de si el caminar durante el proceso de ir de un punto a otro ha servido realmente para el desarrollo personal. Asimismo, si se quiere profundizar en el significado de lo que supone ser guía del aprendizaje es preciso entender que implica estar atento a aspectos como: si el estudiante tiene ganas de aprender, si tiene todo el material, si ha tomado apuntes, si ha aprendido, si es capaz de realizar las tareas autónomamente y si muestra capacidad para autoevaluarse de modo autocrítico y constructivo. Sin embargo, estas inquietudes focalizadas en la personalidad del estudiante son insuficientes. Por eso es pertinente resaltar la necesidad de tener presente dos preguntas en el ámbito educativo respecto a la valoración de la tarea docente: ¿ha ganado el estudiante en humanidad, es decir, es mejor persona ahora que antes?, ¿es más feliz? Estas dos preguntas son básicas y todo maestro debería interiorizarlas a diario. De algún modo, la pandemia ya nos empujó a reflexionar sobre estas dos cuestiones, puesto que todo aprendizaje ha de ser visto como algo que nos dote de mayor humanidad, que nos permita ser mejores personas y que aumente nuestra felicidad.

En sintonía con esto, la clave es que cada docente sea un auténtico referente moral para los estudiantes. Esto es lo que consiguió, sin duda, Louis Germain con su desconocido alumno Albert Camus, a quien años más tarde, en 1957, le concedieron el Premio Nobel de Literatura. Louis dejó una profunda huella, ya que Camus le dedicó su discurso tras recibir el premio y le escribió una carta en agradecimiento. En ella afirma que cuándo supo la noticia pensó primero en su madre y luego en él. En la carta le dice a Louis Germain que "sin usted, la mano afectuosa que tendió al pobre niñito que era yo, sin su enseñanza y ejemplo, no hubiese sucedido nada de esto" y continúa diciendo "le puedo asegurar que sus esfuerzos, su trabajo y el corazón generoso que usted puso continúan siempre vivos en uno de sus pequeños discípulos, que, a pesar de los años, no ha dejado de ser su alumno agradecido".

Esta realidad apuntada de que el docente se puede convertir en un auténtico referente está lo que Daniel Pennac cuenta en su libro *Mal de escuela*, publicado en 2009, ya que todos los docentes le habían catalogado como un alumno incapaz y lo habían defenestrado, dándole por perdido. Pero un viejo docente de francés se convirtió en su primer salvador, porque supo ver en ese niño, de apenas catorce años, un magnífico fabulador de historias. Todo empezó porque este intrépido profesor, saltándose lo políticamente correcto, tomó la no fácil decisión de exonerarle de entregar las redacciones asignadas como tareas obligatorias y le encargó escribir una novela que debía ser redactada durante el trimestre, entregándole un capítulo por semana. El tema era libre, pero con la condición de presentarla sin faltas de ortografía. El éxito de este docente está en que descubrió el pequeño narrador que había en ese díscolo y desobediente niño.

Además, el reconocimiento personal que ese viejo docente, cercano a una merecida jubilación, había otorgado provocó que Daniel se lanzará con entusiasmo a redactar la novela, corrigiendo escrupulosamente cada palabra con la ayuda del diccionario, entregando con puntualidad cada semana su capítulo. ¿De qué sirvió todo este esfuerzo? Sustancialmente, según Pennac, no mucho, pero era la primera vez que un docente le concedía un estatuto, alguien había mostrado interés por él. De repente, ese joven indisciplinado había descubierto que existía escolarmente para alguien.

Innegablemente, este hecho es uno de muchos que numerosos docentes son capaces de generar en sus estudiantes, sobre todo, cuando ponen pasión y amor en su tarea educativa. En este sentido, la pandemia ha ayudado a los docentes a darse cuenta de que hay perder el miedo a salirse del renglón e intentar sacar lo mejor de cada estudiante, aunque no siempre se consiga este noble objetivo, pero, sinceramente, este debería ser el verdadero motor de la vida de un docente.

En este sentido, es cierto que los docentes se encuentran con numerosas dificultades cuando están en aula. Una de ellas es la apuntada por Ernest J. Zarra en su libro *Generación Z la generación con derechos*, publicado en 2019, porque insiste en la blandura de esta generación, caracterizada por las continuas palabras en su boca traducidas en *tengo derecho a*. Esto implica que se esté instalando el sentimiento de que no es justo suspender a los estudiantes que no aprueban, ya que merecen un trato más halagüeño, ya que van a la escuela, trabajan y muestran interés por aprobar, qué más se les puede pedir. Estoy claramente ironizando. Además, también evitarles los problemas les puede dañar a nivel psicológico al no aceptar la realidad, generando heridas incurables a lo largo de toda su vida, puesto que la vida fuera de la escuela tiene numerosas dificultades.

A la par, esta generación entiende la educación de otro modo muy diferente porque para ellos estudiar ya no es la única prioridad para labrarse el futuro o para conseguir ser alguien de provecho el día de mañana. Les interesa aprender lo que pueda tener una aplicación inmediata práctica. Por eso, Alvin Toffler en su libro *El "shock" del futuro*, publicado en 1972, ya subrayaba la necesidad de modificar la escuela, ya que estaba demasiado estandarizada, con un sistema invariable en la que la clase es gobernada por un maestro.

En la actualidad, la realidad es tozudamente exigente, ya que es prioritario otro modo de educar a los nativos digitales, más creativo, con métodos menos impositivos, desterrando con premura el viejo aprendizaje pasivo. Por tanto, se requieren métodos más activos, ya que hasta ahora aprender se ha reducido a estar atentos a lo que era explicado por el docente.

La pandemia nos ha permitido descubrir que la enseñanza on-line requiere otro tipo de estrategias educativas, ya que es preciso realizar continuas llamadas para captar la atención apelando al interés de los estudiantes, según los expertos, cada tres minutos sería necesario despertar esas ganas de aprender. Por eso, aunque sea curioso, las clases virtuales deben ser más dinámicas que las presenciales porque es lo que demandan los estudiantes.

Acorde con esto se puede señalar la propuesta de Ken Robinson y Lou Aronica en su libro *Escuelas creativas. La revolución que está transformando la educación*, publicado en 2015, quienes señalan que las mejores escuelas son las que tienen unos excelentes docentes. Este tipo de escuelas se caracterizan por tener presente tres funciones básicas de todo docente: primero, la motivación, enseñan con pasión, animando a los estudiantes a dar lo mejor de ellos mismos; segundo, la confianza, dedican sus mejores energías a ayudar a los estudiantes a adquirir las destrezas y conocimientos que requieren para convertirse en unos estudiantes seguros e independientes con capacidad y autonomía para seguir con su propio desarrollo personal; tercero, fomentan la creatividad porque para ellos el fin educativo es ayudar a todos los estudiantes a experimentar, a investigar, a plantearse preguntas, a desarrollar todas las competencias personales y a estimular su curiosidad para que aprendan a pensar de forma original.

En relación con esto, es aconsejable la lectura del libro *Lo que hacen los mejores docentes de Universidad*, publicado en 2011, escrito por Ken Bain, quien afirma que los docentes excelentes "hablan de las expectativas del curso, de la clase de preguntas que la disciplina ayudará a los estudiantes a responder, o de las capacidades intelectuales, emocionales o físicas a cuyo desarrollo contribuirá"[20]. Por

---

20. Bain, K. (2004). *Lo que hacen los mejores docentes de Universidad*. Universitat de Valencia.

eso, los docentes creativos no suelen enseñar de modo descriptivo, como si estuvieran impartiendo una clase magistral, en el que uno habla y otro escucha. Se caracterizan por ser docentes que otorgan a los estudiantes oportunidades para utilizar sus habilidades, dándoles la posibilidad de afrontar problemas que les ayudarán a pensar. En este sentido, Bain subraya que las clases impartidas por los docentes con éxito siguen el sistema del aprendizaje crítico con cinco elementos: comienzan con una pregunta, que presentan de un modo atractivo, quizá con una historia. Luego, explican cuál es el significado de la pregunta, la formulan de un modo más motivador o en conexión directa con la realidad circundante. Tercero, les estimulan a que busquen posibles respuestas. Cuarto, señalan algunas claves para responder y cómo deben argumentar su respuesta con evidencias, razonamientos y conclusión. Por último, terminan con preguntas.

La realidad es cruda porque tenemos docentes cuyas habilidades digitales son sumamente inferiores a la de sus estudiantes y esto provoca una brecha digital entre ambos. Sin embargo, el gran problema es que los docentes pierdan su condición de maestros y que no se vean con la suficiente autoridad moral para enseñar a los noveles estudiantes qué es la vida y cómo afrontarla para ser felices. ¿De qué sirve el mundo digital si no nos permite ser más humanos? En este sentido, es pertinente sostener, con gran rotundidad, que los docentes nunca serán reemplazados por las máquinas, aunque sí que es necesario repensar cuáles deberían ser las tareas específicas de los docentes. Por eso, no se puede dudar de que la educación del futuro nunca podrá prescindir del docente, ya que este aporta, entre otras cosas, la perspectiva de los años, la experiencia de conocer qué es útil aprender o qué es más secundario o irrelevante y qué es lo que vale para vivir bien la vida. La experiencia adquirida del pasado es algo que el docente puede aportar al estudiante.

No obstante, lo que sí se ha deteriorado, en los últimos años, es la confianza en el docente. Quizá la falta de habilidades tecnológicas y su falta de pericia provoca que los estudiantes se rían de él y que tejen una idea trasnochada de él, creyendo que quien es novel en el uso de la tecnología poco puede enseñar en un mundo cada vez más tecnologizado. Este error nos está condenando a una clarísima y preocupante falta de humildad de los estudiantes, quienes han dejado de creer en sus docentes.

En el estudio del sindicado ANPE, el defensor del pueblo del curso 2019/2020, resalta un nítido aumento de episodios de ansiedad y depresión, produciendo bajas laborales. Además, el confinamiento también originó un incremento del 3% al 13% de las agresiones de los estudiantes a los docentes, por lo general, a través de las redes sociales. Estas situaciones vividas durante la pandemia pueden contribuir a reflexionar en cómo utilizar la virtualidad en el aprendizaje de los estudiantes. Por ejemplo, el docente puede grabar videos explicativos sobre algunas cuestiones esenciales o que sean guías de las tareas que los estudiantes deben realizar. Asimismo, es relativamente frecuente que estos acudan a Internet recurriendo a tutoriales que les ayuden a solventar sus dudas.

Por tanto, es algo necesario priorizar la figura del docente, valorarla y cuidarla para que esté contento y con ansias de ir a la escuela a enseñar y a educar a cada estudiante. Que se sienta capaz de darlo todo por ellos y lleno de un entusiasmo vitalizador que empuje a los estudiantes a superarse y a aprender. Sería preciso crear el clima en el aula para que el docente pueda disfrutar viendo cómo los estudiantes aprenden.

3. ¿Qué hay que repensar en la educación?

Un primer paso para entender cómo mejorar el sistema educativo español sería fijarse en lo que están haciendo los países que más están mejorando. Por ejemplo, la educación en Finlandia, después de sucesivas reformas en los últimos cuarenta años, puede presumir de ser una de las mejores del mundo, según los últimos informes PISA. ¿Qué ha pasado en Finlandia? Allí han apostado, sin miedo, por la renovación basada en una continua innovación. Para ello, cada diez años, aprueban un nuevo currículum de primaria. Sin embargo, en España, lo que cambiamos son las reglas del juego y, además, de modo constante porque la ley de educación se ha convertido en una simple *mercancía política*, modificándose al antojo de los políticos que ostentan el gobierno, sin dejar que sean los expertos quienes gestionen la educación. Singapur en 2022 obtuvo el primer puesto en el ranking de las pruebas PISA, aunque está en el puesto 41 en cuanto a gasto en educación por estudiante. Es una pregunta obligada y de alto interés: ¿cómo se gestiona la educación en Singapur? Después de terminar los seis cursos de primaria realizan un examen el *Primary School Leaving Examination* (PSLE), que ayuda a establecer qué estudios van a cursar cada estudiante en secundaria. De este modo, en función de la nota obtenida en ese examen los estudiantes acceden a diferentes programas: uno para quienes desean realizar estudios universitarios; otro, para quienes destacan en un área específica como artes o deportes. Al finalizar la secundaria también realizan una prueba que les permite elegir entre la universidad u optar por otros estudios más vocacionales.

Respecto al horario, en Singapur, los estudiantes están cinco horas en la escuela en primaria y seis en secundaria. Durante estas horas se usa una metodología que facilita la reflexión, evitando la excesiva memorización. Está claro que es un sistema muy competitivo porque clasifica a los estudiantes en función de los resultados académicos. Por este motivo se ha criticado este selectivo sistema por ser desmedidamente meritocrático, soslayando que la educación es un bien universal. En Singapur la educación superior es accesible para un 30% de la población. Sin embargo, se da mucha importancia a la educación técnica y profesional, puesto que el porcentaje de estudiantes que siguen estos estudios vocacionales y no van a la universidad es de un 70%.

La pregunta clave sería reflexionar: ¿cómo cambiar el paradigma de la educación para que esté centrada en el desarrollo humano y no exclusivamente en la adquisición del conocimiento? La postpandemia debería ser una magnífica ocasión para llevar a cabo esta profunda reflexión. ¿Nos ha enseñado la pandemia a entender que el educador es el referente para que cada estudiante descubra qué es lo que más le ayuda en su desarrollo personal?

En cuanto a estas cuestiones, cabe afirmar que los sistemas los hacen buenos los agentes educativos, o sea, los docentes y los padres y madres. Por eso es pertinente garantizar que los docentes que imparten las clases sean los mejores y que la selección de las personas en las que depositamos la total confianza del progreso humano y personal de nuestros jóvenes sean también los mejores. Este sería el primer paso que optimizaría ostensiblemente la calidad de la educación en España. Esto requiere cambios sustanciales en el modelo educativo, sobre todo, en cuanto a la selección y también respecto al currículo a estudiar: ¿en qué formamos a los estudiantes que se preparan para ser maestros?, ¿qué queremos de ellos? y, más relevante, ¿qué quieren ellos? Por lo general, decidimos cómo educarles sin saber qué es lo que ellos desean y soslayando cuáles son sus inquietudes.

Además, en España, es fundamental solucionar un problema estructural, que es el de la estabilidad del profesorado. Es imprescindible que el docente de una escuela pública esté al menos un año en el mismo centro educativo. En España hay mucha interinidad, esto afecta, sobre todo, a la motivación de muchos docentes, quienes consideran que no merece la pena consumir mucho esfuerzo personal con los estudiantes si uno no sabe, con exactitud, cuánto tiempo va a estar allí o si el tiempo que vaya a estar es notoriamente reducido, lo que dificulta plantearse objetivos a largo plazo. Victoria Camps en su libro *Creer en la educación. La asignatura pendiente*, publicado en 2015, apunta que es necesario luchar contra la cultura del *fast-thinking* que está marcada por la rentabilidad económica, el espectáculo y la diversión constante, la de la información superficial y fragmentada. Al respecto, señala la relevancia de determinar cuáles deberían ser los contenidos a enseñar. En este sentido, subraya que los adultos en este mundo *light*, de pensamiento débil y relaciones líquidas, ha rehuido de la necesaria reflexión y de la actitud para afrontar los problemas. Está claro que la educación debe garantizar la capacitación profesional y la mejora de las habilidades sociales, pero la educación en valores ha sido desterrada al ámbito de lo privado. Quizá sea un precio demasiado caro porque estamos educando a jóvenes desnortados e indefensos ante la voracidad del mundo.

En la misma línea está la reflexión que propone Zygmunt Bauman en el libro *Los retos de la educación en la modernidad líquida*, publicado en 2009. Añade un comentario profundo porque la cultura que impregna la modernidad líquida no fomenta la ilusión por aprender, sino que es una cultura del distanciamiento, de la discontinuidad y del olvido. Es cierto que los jóvenes de esta generación *Alfa* son capaces de realizar varias actividades a la vez, pero les cuesta mucho concentrarse en una y dar un sentido más profundo a todo lo que hacen.

¿Por qué no apostamos por una auténtica pedagogía de los valores? La realidad es que un análisis del currículo escolar es útil para observar que dentro de los valores transversales no se atiende suficientemente a las cuestiones antropológicas, ya que nos estamos centrando en enseñar valores democráticos. En este sentido, apuntamos que hay dos problemas claves que quizá no sean resueltos por miedo al adoctrinamiento y también porque se ha dejado la gestión del currículo a los políticos. Estos, inundados por su ideología, es casi imposible que se pongan de acuerdo para resolver estos problemas esenciales, que bien resueltos pueden generar la empatía necesaria para mejorar la sociedad en la que vivimos y humanizarla un poco más. Estos problemas son, en primer lugar, acordar qué valores y actitudes son las que deben educarse y estar presentes en el currículo como valores transversales. El segundo sería fijar las estrategias más adecuadas para transmitir esos valores. No creo que esto sea adoctrinar, siempre que haya un acuerdo sobre estos valores. Si la opción es no educar en valores, creo que el resultado que cabe esperar sería alarmante dejando a los infantes y jóvenes indefensos ante las dificultades sociales.

Además, conviene tener claro que la enseñanza de los valores no debe centrarse únicamente en los contenidos cognitivos, sino en cómo aplicarlos en la vida real con las personas que nos rodean y cómo interiorizarlos para que se consoliden como hábitos estables. De este modo, se conseguirá que cada persona pueda disponer de ellos para vivirlos siempre que sea necesario. Asimismo, quien esté dispuesto a seguir este proceso personal de mejora estaría preparado para cambiar el mundo en el que vive, ya que buscará experiencias interpersonales de crecimiento para él y para los demás. Estas experiencias deben estar centradas en que ambos mejoren como personas y sean más felices.

Otra cuestión relevante que la educación debe atender como prioritaria es lo que señala José Antonio Portellano, en su libro *Introducción a la neuropsicología*, publicado en 2005. En la actualidad, se ha aumentado la capacidad para prestar atención a varias tareas al mismo tiempo, debido a la excesiva cantidad de estímulos que reciben los niños desde tempranas edades, que les exige estar atento a varias cosas a la vez, tal y como ha subrayado Catherine L'Ecuyer en su libro *Educar en el asombro*, publicado en 2013. Sin embargo, la atención focalizada para estar atento a una única cosa ha disminuido. Por eso tenemos un problema con el exceso de estímulos provocados en los niños, ya que esto dificulta la atención y obstaculiza la capacidad de concentración. En la actualidad, los jóvenes apenas duran escasamente cinco segundos en mantener la atención en algo y si en este tiempo no les gusta, cambian, sin pena, a otra cosa. Esto implica que la publicidad en los dispositivos móviles sea cada vez más agresiva.

En referencia a lo señalado en la atención de los estudiantes, es oportuna la distinción entre interés y apetencia. ¿Quién debe discernir qué es lo interesante y por qué lo es? Parece que alguien que tenga más experiencia y cuyo sentido crítico sea resultado de la experiencia vital. Lo que nos apetece está en referencia con lo inmediato, con la pronta satisfacción del deseo momentáneo, sin embargo, el interés debe estar en relación con aquello que nos ayuda a mejorar como personas. En este sentido, es pertinente la educación en el deseo de obrar el bien, en mejorar la sensibilidad moral. Esto cada vez es más necesario para lograr que los niños no sucumban ante tanta publicidad, sobre todo, en los primeros años en los que todavía carecen de un pensamiento crítico que les permita discernir lo beneficioso para su crecimiento personal.

Actualmente, está generalizada la educación del pensamiento crítico para aprender a buscar información verdadera y conocer cuáles son las auténticas fuentes a las que es preciso acudir, especialmente, en la etapa adolescente. Sin embargo, los infantes, desde edades cada vez más tempranas, llevan ya varios años usando tabletas y dispositivos móviles, con anterioridad a tener las capacidades para distinguir qué les puede dañar y qué es lo más idóneo para su crecimiento personal. Sin duda, llegamos tarde con esta imprescindible educación. Sin embargo, desconocemos si están preparados para recibir esta específica educación digital antes de la preadolescencia.

Es lógico que cada vez se otorgue más importancia a los primeros años de vida y que eso suponga la conveniencia de invertir más en esta etapa a nivel educativo y mejorar el modo de enseñar en ese crucial momento. En este sentido, se ha investigado mucho sobre la neurociencia, lo cual ha permitido descubrir que el cerebro humano se desarrolla especialmente durante el tiempo de gestación y también en los tres primeros años. Los avances de la neurociencia ayudan a entender que una persona es competente en la medida en que integra cerebros, es decir, cuando sabe conjugar la parte emocional, racional y conductual, tal y como señala Alejandra Cortés en su libro #Importamosaportamos. *Transformación educativa y social desde el coaching de equipos*, publicados en 2019.

La realidad es que hoy la educación de 0 a 3 años es una asignatura pendiente, ya que no hay unas pautas claras sobre qué es lo más adecuado. Además, lo cierto es que si durante estos primeros años existiera una mayor coordinación y cooperación entre la familia y la escuela se podrían mejorar notablemente las habilidades de los niños y alcanzar un mejor desarrollo personal. Asimismo, es pertinente que los padres reciban más formación sobre cómo educar a los hijos de esta edad temprana. En este sentido, quizá tampoco se trata de estimular a los niños innecesariamente, sino de facilitarles que vayan aprendiendo según el propio interés, puesto que los niños tienen una gran avidez por conocer y aprender, tal y como señala Catherine L'Ecuyer en su libro *Educar en el asombro*.

Según el informe TIMSS 2019 (*Trends in International Mathematics and Science Study*) elaborado por la Asociación Internacional para la Evaluación del Rendimiento Educativo (IEA), en España, el 75% de los niños asisten al primer ciclo de la educación infantil, un porcentaje mayor que el resto de los países de la OCDE. ¿Cuál es el sentido educativo de que los niños vayan a la escuela con apenas dos años? Sin duda, es importante establecer el objetivo educativo de este habitual modo de proceder en las familias españolas.

La razón es que en la mayoría de los casos se debe a la conciliación familiar, ya que el padre y la madre están trabajando.

Igualmente, una clara necesidad educativa es el aprendizaje de idiomas, habilidad cada vez más valorada. Por eso parece ineludible una reflexión sobre cuál es el método utilizado para ello y si es el más adecuado. En este sentido, se ha avanzado mucho, ya que los estudios confirman que los infantes pueden aprender fácilmente un segundo idioma entre los 0 y 5 años. Este es el momento idóneo para ello, sin embargo, no encontramos una estrategia sobradamente eficaz para el aprovechamiento de esta singular circunstancia a nivel educativo. Además, es positivo que, en la actualidad, existen numerosas posibilidades para usar diferentes herramientas digitales para fomentar el aprendizaje de los idiomas.

En relación con el aprendizaje del lenguaje, cabe destacar el proyecto *Abecedario* que tuvo lugar en Estados Unidos entre los años 1972 y 1977. Es una intervención realizada con infantes de 0 a 5 años de familias pobres en Carolina del Norte. Durante ocho horas realizaron actividades para el desarrollo del lenguaje centradas en la mejora de las capacidades cognitivas. Con el fin de observar cuál era el efecto de la alimentación en el desarrollo cognitivo se les proporcionó dos comidas y un tentempié a diario durante el tiempo que duró la investigación, además, de atención pediátrica. El estudio longitudinal terminó treinta y cinco años después cuando se analizó que la salud de estos niños era llamativamente mejor que el resto que no habían seguido esta intervención.

El modelo educativo también debe tener en cuenta un aspecto sumamente relevante para el adecuado desarrollo de los infantes, nos referimos a cómo educar en la tolerancia al fracaso. Esta necesidad es corroborada por datos, ya que, según *VI Informe Young Business Talents: La visión del profesor sobre la situación de la educación en España,* publicado en 2023 y que ha sido desarrollado por ABANCA, ESIC, Herbalife Nutrition y Praxis MMT aporta datos muy significativos. Se pregunta a los docentes sobre varias cuestiones actuales, obteniendo interesantísimas respuestas. Por ejemplo, para el 59,3% de los docentes las principales causas del abandono escolar en España entre los jóvenes de 14 a 18 años se deben a dos razones: primera, a la pérdida de la cultura del esfuerzo y, segunda, a la baja tolerancia ante las frustraciones. Además del abandono escolar subrayan otros problemas que deben ser abordados por el sistema educativo. En este sentido, el 37,3% de los docentes afirman que es preocupante el bajo interés de los alumnos por los estudios. Para el 35,88% otro acuciante problema es el uso excesivo de los móviles, las redes sociales y los juegos *online*. Otro grave problema es que el 26,7% de los alumnos no creen que estudiar les vaya a ayudar a tener un mejor futuro. Por último, el 24,8% del profesorado subraya que la alta saturación de las aulas impide una atención más personalizada.

¿Cómo mejorar la educación para el aprendizaje de cómo tolerar el fracaso? Al respecto, el excesivo proteccionismo de los padres hiperpaternalistas, denominados los *padres helicóptero,* no promueve una educación para superar el fracaso, ya que estos se muestran temerosos de que a su hijo le pase algo y están continuamente advirtiéndole qué tiene que hacer y cómo lo tiene que hacer. No obstante, en general, abunda este peligro en la mayoría de los padres y madres, ya que en ellos el miedo a la inseguridad tiene más fuerza que el dejarles que aprendan por sí mismos. Al respecto, es efectiva, la advertencia que Jonathan Haidt y Greg Lukianoff señalan en su libro *La transformación de la mente moderna,* publicado en 2019, al afirmar que es necesario que los educadores *preparen al niño para el camino, pero no el camino al niño.* Ambos autores aconsejan que los padres cuenten con la oportunidad de dar a sus hijos el regalo de la experiencia, ayudándoles así a convertirse en personas resilientes que son capaces de resistir ante las dificultades que se presenten.

Este exceso de paternalismo impide que los niños aprendan a afrontar por sí mismos las dificultades. Es curioso, pero a los educadores, creyendo que es el mejor modo de ayudarles, les resulta costoso dejarles que sean ellos los que traten de resolver los problemas y aprendan incluso aunque se puedan equivocar. No obstante, esto no es sencillo para los padres y madres debido a la sociedad en la que vivimos que se caracteriza por qué es frustrante no conseguir los objetivos a la primera. La realidad es que vivimos en una sociedad marcada por el "usar y tirar"; es la cultura de la reposición.

Como consecuencia de la experiencia vivida durante la pandemia, la gran mayoría de los países europeos están invirtiendo dinero en dotar a las escuelas de las herramientas digitales. Ya había una clara política para incrementar el uso de estos dispositivos digitales como IPad o Tabletas para facilitar el aprendizaje. Sin embargo, no hay unanimidad entre los estudios sobre las ventajas educativas del uso de estas herramientas. Tampoco hay unanimidad de cuál es la edad ideal para iniciar su uso en el aula. No obstante, este objetivo de las políticas educativas va a exigir que el personal docente tenga una capacitación especial en competencias digitales, lo que va a requerir una formación específica para todos ellos.

La clave de la educación del futuro es enseñarles a los infantes cómo utilizar la tecnología, lo cual no está reñido con el empeño en que ese uso les ayude a crecer en humanidad. Por eso conviene no desligar este aprendizaje tecnológico con el de enseñarles a que sean más humanos. Sería un grave error educativo educar empeñados en que el único criterio válido de utilización de lo tecnológico sea el pragmático, desechando aquello que no permita lograr algo de modo inmediato. Por eso si no les enseñamos a ser más humanos, el único criterio de utilización de lo tecnológico será el que sea dictado por el pragmatismo: esto es útil o no lo es.

Asimismo, es obligada una reflexión, ya que en esta sociedad se ha aceptado que lo que no se puede medir no existe. Esta corriente de pensamiento ha afectado también a la educación. A pesar de ello, es preciso dar un sentido a las mediciones realizadas porque si se evalúa a un docente solo por los resultados que obtienen sus estudiantes, esto no ayuda a fomentar el interés por aprender y se podría forjar el peligro de convertir la docencia en un simple entrenamiento para enseñar a los estudiantes cómo conseguir excelentes calificaciones en los exámenes.

Es pertinente advertir que, probablemente, estamos en la antesala de un nuevo cambio de paradigma educativo. En este sentido, el uso del ordenador no es solo una tecnología que se utiliza en el aula para aprender, ya que es algo que forma parte de la vida cotidiana. Es aceptado que, habitualmente, nos informamos a través de Internet, nos comunicamos a través de las redes sociales y consultamos dudas a través de Google. Por eso, parece poco estratégico desligar el aprendizaje del uso del ordenador o de un dispositivo móvil.

¿Cuáles son las habilidades de esta nueva generación? Desde luego su modo de aprender es diferente. Ahora se habla de metodologías activas, que se definen como aquellas que se centran en fomentar el interés del estudiante. Lo cierto es que si queremos que aprendan más y mejor es preciso enseñar de modo diferente a la propuesta de la clase magistral. Está claro que la unidireccionalidad en la transmisión del conocimiento en el que el docente habla y el estudiante escucha y toma apuntes, ya no es la más acertada, puesto que el estudiante no se motiva mucho.

La motivación de los estudiantes es absolutamente clave para mejorar su aprendizaje. En este sentido, es pertinente señalar cómo Bertrand Russell en su libro *En busca de la felicidad* cuenta que no nació feliz y que durante la adolescencia odiaba la vida y, en ocasiones, tenía incluso sentimientos de suicidio, pero le salvó el deseo de aprender más matemáticas. Situaciones como la descrita nos confirman en la clara pertinencia de generar una ilusión por aprender, pero no solo aquello que pueda ser práctico a corto plazo, sino lo que pueda ser útil también para crecer como personas. No obstante, hay un dato alarmante en este empeño por ayudar a esta generación actual a ser más felices, ya que cómo se puede educar a esta generación *Alfa* a la que no les gusta que les den todo hecho o prefieren realizar tareas rutinarias que no reclamen pensar y que solamente se precise una ejecución mecánica. A ellos todo lo que sea repetitivo les causa un especial aburrimiento, además, esto no produce emociones y, por tanto, es denostado. Es absolutamente prioritario que los docentes realicen una buena planificación de los contenidos, pero, es más valioso que sean capaces de diseñar actividades interesantes que, igualmente, faciliten el aprendizaje a través de la investigación. Por eso, conviene plantear actividades presentadas como desafíos.

En sentido positivo, la crisis de la pandemia ha facilitado una interesante reflexión sobre la eficacia de memorizar contenidos, advirtiendo que la metodología tradicional ha muerto, por centrarse fundamentalmente en lo memorístico. Asimismo, los docentes se han abierto al modelo virtual de clases que les convierte en guías del aprendizaje, apoyándose en el interés y en la autonomía de cada uno de los estudiantes. Esto conlleva subrayar la necesidad de una transformación digital de los docentes, pero sin soslayar la reflexión sobre el qué es importante y el cómo se debe aprender en la educación. En relación con el *qué* educar, subrayamos el desafortunado abandono de las humanidades, remplazadas por lo puramente técnico. Esto conlleva la indeseada renuncia a las preguntas fundamentales sobre el ser humano. Por ejemplo, ¿se enseña en la escuela a ser mejor persona? ¿Se aprende a ser feliz o cómo amar, prioridades del ser humano?

En mis clases virtuales, les pregunto a mis estudiantes, no jóvenes, sino instalados en la treintena, si en la escuela les enseñaron estas realidades esenciales de la vida humana. Por desgracia la respuesta es casi unánime un rotundo no. La duda es si la reflexión postpandemia ayudará a transformar esta terrible tendencia que elude educar en las humanidades, soslayando las cuestiones fundamentales de la vida humana.

A juicio de Martha Nussbaum, en su libro *Sin fines de lucro. Por qué la democracia necesita de las humanidades*, publicado en 2011, señala que las humanidades serían esenciales para fomentar la imaginación narrativa y el pensamiento crítico, capacidades demandadas para esta sociedad netamente digital. Esto significa, según Nussbaum, que promover la lectura de literatura adecuada para fomentar la reflexión es útil para el crecimiento de la vida moral. Según ella, la imaginación ayuda a desarrollar la capacidad de pensar cómo estar en el lugar del protagonista de la literatura que leemos. Asimismo, también ayuda a comprender las emociones, los deseos y los anhelos que se pueden experimentar con la lectura de los libros. Estas lecturas despiertan, por empatía, respuestas para dar sentido a preguntas como quiénes somos o quiénes podríamos llegar a ser.

De esta manera, el desarrollo del pensamiento crítico es clave no solo para distinguir las *fake n*ews de las noticias reales, sino para encontrar respuestas a las preguntas esenciales de nuestra vida, ya que ignorarlas sería como renunciar a comprender quiénes somos y conformarnos con aquello que somos. En este sentido, Nussbaum subraya la necesidad de que los jóvenes desarrollen el pensamiento crítico, tal y como Sócrates defendió, quien enseñaba a la juventud ateniense para que aprendiese a debatir y defender sus ideas, argumentándolas con un discurso racional, lleno de sentido.

En este noble empeño que demandamos de humanizar la enseñanza es esencial que el docente sienta que en gran parte depende de él la mejora personal de cada estudiante, es decir, que no es solo maestro que enseña, sino educador que educa. En este sentido, conviene preguntarse: ¿en qué se puede observar la influencia directa sobre el estudiante del modo de educar de los docentes? Al respecto, señalamos cuatro tareas fundamentales a nivel antropológico que conviene enseñar, primariamente, en el ámbito familiar y que sean reforzadas por los docentes en las escuelas. La primera es aceptar que somos un quién, personas que tienen una naturaleza humana, con cualidades personales, que son únicas. Esto indica la pertinencia de darse cuenta de qué significa *tener una naturaleza* y también implica una cuestión prioritaria: ¿para qué tenemos esta naturaleza? Es netamente importante que el verdadero educador ayude a cada estudiante a que se cuestione qué hacer con las cualidades que tiene.

Esta segunda cuestión en relación con la respuesta a la cuestión apuntada de para qué la persona tiene su naturaleza implica entender que solamente hay dos posibles respuestas, la tenemos para perfeccionarla o para desaprovecharla y deteriorarla. Si se decide perfeccionarla hay que aceptar el modo concreto que tenemos, como personas humanas, para perfeccionarla, que es a través de la adquisición de hábitos operativos buenos, lo que los clásicos han llamado *virtudes*, ya que estos hábitos perfeccionan a las dos potencias capaces de ese carácter de perfección, que son la inteligencia y la voluntad. Por eso, John Dewey afirmaba que la educación debía procurar la formación de hábitos.

La tercera tarea es ponerse manos a ello, es decir, adquirir esos hábitos y perfeccionar así la naturaleza recibida. Luego, es lógico que el esfuerzo que requiere ir adquiriendo la perfección de la naturaleza conlleve preguntarse para qué queremos perfeccionarla. Ahora y, como punto final del proceso formativo, sería pertinente responder a la pregunta sobre la finalidad de esa formación de hábitos y con ello dar un sentido a cada perfeccionamiento adquirido. Por tanto, es el momento de dar un sentido a todo nuestro actuar.

El perfeccionamiento adquirido mediante los hábitos nos capacita como personas porque nos da más posibilidades para realizar más actos. Por eso este perfeccionamiento se puede poseer de modo egoísta e inutilizarlo o de un modo más efusivo dándolo a los demás. Lo propio y, en esto consiste la verdadera felicidad, se trataría de aceptar que todo ese perfeccionamiento se adquiere para entregarlo a los demás, ya que al adquirirlo uno se capacita, pero es preciso dar un sentido a esa capacitación. Se trata de dar a los demás esa capacitación adquirida en forma de ayuda. Por eso nuestra vida consiste en ayudar al otro a que también sea capaz de perfeccionar la naturaleza recibida y dar un sentido a todo ello en relación con la felicidad. En definitiva, este dar a los otros se concreta en ayudarles a que sigan este mismo proceso de perfeccionamiento y que puedan, así mejorar como personas y, al mismo tiempo, ser más felices. A fin de cuentas, es absolutamente esencial preguntarse de qué nos sirve un esfuerzo por adquirir hábitos si no nos ayuda para ser mejores y más felices.

Continuando con este razonamiento, cabe señalar que aquel que está dispuesto a seguir este proceso personal de mejora con las cuatro tareas apuntadas estaría preparado para cambiar el mundo en el que vive, ya que buscaría experiencias interpersonales de crecimiento para él y para los demás. Estas experiencias interpersonales deben estar centradas en que ambos mejoren como personas y sean más felices. Por eso subrayo que la felicidad natural está en dar a los demás ese perfeccionamiento de la naturaleza que cada uno es capaz de adquirir. Esta y no otra debería ser, a nuestro humilde juicio, la principal finalidad última de la educación, aprender a dar a los demás la capacitación adquirida. Ojalá que la pandemia haya ayudado a los docentes a tomar distancia de su tarea y a reflexionar sobre el sentido último de su afán por enseñar y educar a cada estudiante.

Por último, ¿qué tipo de educación queremos para nuestros hijos? La realidad es que tal y como hemos concebido la sociedad actual, en muchas ocasiones, los abuelos están más tiempo con sus nietos que sus propios padres. Asimismo, conviene advertir que no es comparable el estilo educativo de los abuelos y los padres, no solo porque sean generaciones diferentes, sino porque el modo de interpretar las normas es distinto; el sentido de la autoridad es diferente. Asimismo, los valores de ambos, abuelos y padres, no tienen por qué ser los mismos, son generaciones distintas. Además, el vínculo entre abuelos y nietos es notablemente diferente al que existe entre padres e hijos, lo que conlleva que el nivel de exigencia no sea el mismo. En este sentido, el teletrabajo facilita la conciliación familiar facilitando que, al menos, se pueda estar más tiempo con los hijos e hijas.

La escondida labor de los padres y madres es determinante para el crecimiento personal de los hijos. En este sentido, el magnífico ejemplo de la madre de Thomas Edison es alentador y sumamente esperanzador para las heroicas madres que dedican tiempo a educar a sus hijas e hijos. Un día Edison llegó a su casa con una nota de la escuela. Su madre la leyó en voz alta, con lágrimas en los ojos, diciéndole que en la escuela habían prohibido volver a su hijo, excusándose puesto que carecían de buenos maestros para educarle porque era un genio, así que lo haría ella misma. Años más tarde, tras el fallecimiento de su madre, Edison encontró un papel en el escritorio de ella, que decía: "su hijo está mentalmente enfermo y no podemos permitirle que venga más a la escuela". Edison no pudo contener sus lágrimas y lloró largamente. Superada la emoción, abrió su diario y escribió: "Thomas Alva Edison fue un niño mentalmente enfermo, pero por una madre heroica se convirtió en el genio del siglo".

Capítulo 5

La nueva transformación social en la sociedad digital postpandemia

1. La paciencia es la clave para superar la cultura de la inmediatez

La sociedad actual está instalada en la inmediatez, sobre todo, desde la intrusión de Internet porque con un solo clic, con relativa facilidad, está a nuestro alcance toda la información que deseamos. Esto implica la escasa paciencia para esperar. Isaac Newton afirmaba que había logrado descubrimientos valiosos porque había tenido más paciencia que cualquier otra persona con más talento que él. ¿Cuándo aceptaremos que la inmediatez destroza la paciencia?

Como consecuencia de esta demandante inmediatez se prefiere lo nuevo a lo reparado. Por eso, cuando algo deja de funcionar, en la mayoría de los casos, no merece la pena ni arreglarlo, pero como no podemos prescindir de algunos productos se ha instalado la forzosa exigencia de la imposibilidad de vivir sin eso que se ha estropeado. Sencillamente, lo habitual es tirarlo cuando se estropee y comprar otro. Además, la vida real de muchos objetos que usamos tiene fecha de caducidad porque simplemente son fabricados para que duren unos pocos años. ¿Ha afectado la cultura a este modo de entender el uso del material del cual disponemos?

Otra nota de esta cultura de la inmediatez que inunda todo nuestro actuar es la nula tolerancia al fracaso. Es un sentir generalizado el deseo de que todo lo que se empieza salga bien a la primera, no toleramos tener que volver a intentarlo. Edison Thomas, prolífico inventor que registró más de 1000 patentes diferentes, ha pasado a la historia por descubrir que un filamento incandescente puede iluminar una habitación. Ya es muy célebre su frase: *No fracasé, sólo descubrí 500 maneras de cómo no hacer una bombilla.* En esta cultura mostrar esta paciencia es heroico.

Asimismo, otra característica de nuestra actual cultura es la prisa. Sufrimos, sin gestionar, la constante presión del tiempo que, cual espada de Damocles, amenaza nuestro día. En el trabajo esto es un sufrimiento, ya que siempre llegamos tarde, puesto que el jefe demanda las tareas con un lacónico *esto tenía que haber estado listo ayer.* La pregunta fundamental es si estamos emocionalmente preparados para soportar esta frenética prisa. Este frenesí afecta a nuestro modo de afrontar los problemas, puesto que nuestro carácter se agria y se enrarece nuestra personalidad; además, nos irritamos con frecuencia ante circunstancias insignificantes. Esta prisa nos roba el honorable atributo humano de la reflexión, impidiendo priorizar o dar un sentido coherente a la organización personal del tiempo. Por desgracia, esta prisa es sinónimo de estrés y de ansiedad, en muchas personas se está convirtiendo en algo patológico. Al respecto, el filósofo José Carlos Ruiz, en su libro titulado *Filosofía ante el desánimo: Pensamiento crítico para construir una personalidad sólida*, publicado en 2022, realiza una afirmación sugerente, ya que, según él, los problemas actuales son los mismos que ya vivieron los clásicos y sobre los que ellos reflexionaron. Sin embargo, resalta que el modo actual de afrontarlos es lo que se ha modificado.

Byung Chul Han, un destacado pensador surcoreano, señala que el capitalismo neoliberal nos produce varias ansiedades y que nos roba valorar lo cotidiano. Es un filósofo que lleva varios años empeñado en una cruzada personal contra el uso inmoderado del móvil. Este sugestivo consejo es muy actual porque, con relativa frecuencia, vamos tan apresurados que el activismo nos invade. Curiosamente la pandemia nos proporcionó tiempo, algo que escasea en este mundo tan acelerado. Es cierto que durante el confinamiento las sensaciones se agolparon: tuvimos más tiempo, sufrimos una alteración de nuestro ocio, nos vimos obligados a distribuir el tiempo de otra manera, fueron numerosas emociones que no fue fácil gestionar. Confinados con la familia durante meses a lo largo del 2020, tuvimos la magnífica oportunidad de poder valorar lo más importante que poseemos: el acompañamiento cariñoso de los seres queridos. En relación con esto, Goethe decía que solo aprendemos de aquellos a los que amamos.

Las prisas otra vez: ¿quién nos dice que es urgente contestar a un correo? Es una urgencia que nos imponemos nosotros mismos y, en función de cuál sea nuestro temperamento, nos vemos empujados a responderlo como un cumplimiento que busca silenciar nuestra inquietud. Los hay también que, invadidos por el perfeccionismo, se ven en la necesidad de contestar inmediatamente cada correo recibido, como un firme indicador de que ese es el modo correcto de actuar.

Al respecto, es válida la enseñanza que nos transmite un estudio realizado, en 2003, por Jackson, Dawson y Wilson[21] que ya aportaba soluciones para aprender a gestionar los emails. Estos autores señalan que hay tres tipos de interrupción en el trabajo, las visitas personales, las llamadas de teléfono y los emails. Afirman que estas interrupciones, además, de suponer una clara pérdida de

---

21. Jackson, T., Dawson, R. and Wilson, D., 2003. Reducing the effect of email interuption on employees. *International Journal of Information Management*, 23(1), 55-65.

tiempo, afectan, sobre todo, al estado emocional del trabajador. Por ejemplo, un elevado porcentaje de mensajes que se reciben que no son del ámbito laboral. El estudio realizado en una empresa con 500 empleados reveló que la mayoría de estos tienen su aplicación de correo electrónico configurada para verificarlo cada 5 minutos, generando un estrés. Como solución, estos autores proponen como una solución que se configure el correo para que sea verificado cada 45 minutos. Si la media es recibir 100 *emails* al día, en una jornada laboral de 8 horas, esto significa que se acumulan 96 interrupciones a diario. Reduciendo el chequeo del correo cada 45 minutos, las interrupciones se reducirían a 11. También se puede arbitrar un sistema de notificación del email que sea menos intrusivo.

Otra cuestión importante, según los autores, es el estilo en la respuesta a los emails. Por lo general, han comprobado que la mayoría de los empleados usan un estilo detallado para escribir los emails, pero la realidad es que la mitad de los correos se pueden manejar en un mensaje de una línea que, si va incorporado en el asunto, incluso facilita que no sea necesario abrir el mensaje completo. Se trata de facilitar una decisión rápida sobre qué hacer con el email.

Muchas personas viven aceleradas e instaladas en la *prontomanía*, una palabra que expresa una realidad recogida en la provocativa frase tan oída: *todo hay que hacerlo para ayer*. Por desgracia, lo urgente no deja advertir lo que es verdaderamente importante. ¿Qué tipo de enriquecimiento personal y qué disfrute aporta hacer todo tan deprisa? Esta es una de las enfermedades del siglo XXI, por eso proliferan los cursos de gestión del tiempo. Algunos afirman que la clave de la eficacia está en evitar los *ladrones de tiempo*, es decir, en no derrochar tiempo en vaguedades. Es curioso, pero el COVID paralizó el mundo, otorgándonos algo que era intensamente demandado como la ausencia de prisa: la calma. Sin embargo, este regalo venía envenenado porque iba envuelto en una restricción del movimiento, que fue interpretada como ausencia de libertad. La pandemia nos dio el regalo de pasar más tiempo con nuestros seres queridos, pero sí encerrados en casa, conviviendo con ellos, pero no supimos gestionarlo bien y en lugar de proporcionarnos paz, se tradujo en impotencia porque era una situación no querida, que, con resignación, se aceptó como advenediza. Este singular comportamiento ha evidenciado que el ser humano, aunque sea algo incómodo, prefiere el control a cualquier sensación producida por la falta de inseguridad.

La pandemia significó para muchos salir de la zona de confort porque se había soslayado que para estimular la creatividad se requería salir de esa zona. No obstante, en la postpandemia algunos todavía se preguntan por qué necesitamos ser más creativos. Con optimismo, la pandemia debería haber sido un aprendizaje para estar más abiertos a la novedad, a lo inesperado, a aquello que no se domina totalmente, ya que el excesivo control, que roza un perfeccionismo tóxico, nos debilita como personas.

Faith Popcorn, futurista y escritora, a finales de los años 80 del siglo XX, acuñó el término *cocooning*, fundamentado en la necesidad de las personas de sentirse en un entorno seguro para protegerse del mundo exterior. Es un fenómeno que explica cómo se busca socializar cada vez menos, buscando el calor del hogar, refugiándose en casa. Se trata de optar por la comodidad de pasar la mayor parte del tiempo en casa porque eso implica una sensación placentera de seguridad. Por eso algunos hábitos acentuados durante la pandemia como la compra electrónica pueden confirmar esta tendencia.

Esta actitud de refugiarse en el hogar esconde un halo de perfeccionismo. Me explico. Es una verdad aceptada que los términos economicistas han inundado nuestro lenguaje, de modo que la eficiencia se ha instalado en nuestras vidas como sinónimo de eficacia y de rendimiento. Sin embargo, todos seguimos mostrando una incapacidad para distinguir entre lo perfecto y algo que solamente está bien, sin más. La línea entre lo perfecto y lo que está bien es subjetiva y depende de a quién le toque juzgar. El perfeccionismo puede centrarse en una percepción subjetiva porque buscamos la confirmación de que nadie pueda poner una objeción a lo realizado. Sobre esta cuestión el médico psiquiatra Frederic Fanget en su libro *Cuando hacerlo bien no basta. La psicología del perfeccionismo*, publicado en 2010, señala que de la precisión a la meticulosidad y al perfeccionismo tóxico solamente hay un paso. Subraya que los perfeccionistas tienen una loable preocupación por la excelencia y se exigen mucho, pero caer en una maniática obsesión por la perfección aniquila la satisfacción experimentada por el desempeño realizado.

Otro rasgo de esta cultura de la inmediatez es la imposición de un absurdo comportamiento convertido en sinónimo de profesionalismo porque lo políticamente correcto significa dar la sensación de estar ocupado, de que se trabaja mucho, de que no hay tiempo para nada. El viejo estilo jerárquico impuesto en las organizaciones demanda que cada trabajador esté sentado en su silla de trabajo todo el tiempo que se le paga y más aún. El primer objetivo es llenarle el tiempo, que esté ocupado; es llamativo cómo existe por los empresarios un inhumano miedo a descubrir a empleados que tienen tiempo libre.

¿En qué escuela aprendemos a disfrutar de la satisfacción del trabajo bien hecho? La triste realidad es que nadie nos enseña a disfrutar del momento presente, del hoy y del ahora. Esto implica que sintamos una constante insatisfacción porque siempre se piensa que el otro, quien tiene que juzgar nuestro trabajo, nunca va a estar contento, siempre va a resaltar lo negativo, lo que no está bien, insistiendo tozudamente en lo que se puede mejorar. Es un desvivir. Como máximo uno puede aspirar a que su jefe exprese un *bien, pero...* Siempre hay *peros*, un algo que no gusta o que no convence. ¿Va a cambiar el COVID esta sensación de falta de disfrute? ¿Nos va a permitir la postpandemia aprender a vivir el presente? De algún modo, la pandemia nos robó, de la noche a la mañana, nuestro hábitat natural, todo lo que se ha aceptado como beneficioso para nuestro desarrollo personal: la libertad de movimientos. Es curioso, pero es como si alguien nos hubiera mandado al *rincón de pensar*, como hacía el docente en la escuela para que aprendiéramos de nuestro equívoco comportamiento. Pero ¿qué es lo que hay que pensar? Se preguntan muchos.

La pandemia sufrida debería ser una gran oportunidad para reflexionar que lo inmediato no siempre debe ser lo más importante. Esta necesaria reflexión debería ayudar a que la tiranía de la inmediatez no nos prive de dedicar tiempo a lo que realmente merece la pena. Por eso es necesario superar el cortoplacismo que impregnan todas las numerosas tareas que desempeñamos a diario. La pandemia también ha servido para descubrir que la ansiedad, esa sensación de angustia provocada por el estrés que se traduce en el malestar por la impotencia de no llegar a cumplir con lo previsto y por la inquietante falta de un control absoluto de todo lo que nos rodea. Esta patología del siglo XXI es una realidad que sufren más de un 10% de las personas, que se concreta en un insoportable y constante desasosiego que se padece de modo incontrolado. Esta es una emoción negativa difícilmente expresable. Ojalá la reflexión postpandemia nos ayude a vivir con pausa, ajetreados porque eso es algo innato a la sociedad en la que vivimos, pero con el noble deseo de disfrutar de todo lo agradable que nos sucede.

Por último, la alta hiperconectividad tecnológica implica un constante deseo de gratificación momentánea, lo que conlleva un claro déficit de paciencia ante los imprevistos o frente a las cosas que no salen cómo estaban planificadas. Es frecuente que uno se enerve e incluso grite al ordenador –como si pudiera escucharnos–

al comprobar que no nos obedece a una orden dada. Una muestra clara de la impaciencia que nos inunda es el plus que se puede pagar para recibir un pedido en el mismo día, que cada vez es una demanda más creciente. ¿Habrá servido el COVID para que al menos algunos nos armemos de paciencia?

2. ¿Cómo transformar la actual crisis de valores que nos aleja de la felicidad?

La pandemia ha servido para cerciorarse de que la globalización es una realidad, ya que un virus que se inició en China ha afectado a todo el mundo de modo similar. Chesterton dijo "el secreto de la vida reside en la risa y en la humildad". Ojalá el tiempo de incertidumbre vivido sea una oportunidad para que el ser humano aprenda a ser más humilde y acepte que hay problemas globales y que cada actuación humana irresponsable puede afectar a todos los ciudadanos. Además, es un deseo generalizado que este tiempo convulso que hemos vivido sea realmente útil para una profunda reflexión, suscitando la aspiración de alcanzar un mundo mejor.

No nos cabe ninguna duda de que la pandemia ha tocado la línea de flotación de muchas personas. Innegablemente, ha supuesto una grandísima oportunidad para repensar los valores que fundamentan el modo de vivir en la sociedad actual, considerando si son los más adecuados y qué cabe esperar de ellos. Los valores que la pandemia ha visibilizado son la solidaridad, la entrega y el compromiso de los sanitarios. Sin duda, la salud por encima de la economía y el cuidado personal antes que el dinero. Pero ¿qué ha quedado de esta apuesta por la salud?

La pandemia supuso una nítida crisis de preferencias, es decir, de jerarquía de valores. Cuando preguntamos a la gente cuáles son sus deseos, la respuesta más generalizada es: salud, dinero y amor. La pandemia ha subrayado que la salud debe ser antepuesta jerárquicamente como el valor prioritario. La pandemia nos ha sacado de nuestra comodidad y nos interpela porque los problemas de la sociedad son también nuestros.

La causa de esta crisis de valores ya fue apuntada por Philip Coombs en su libro titulado *La crisis mundial de la educación Perspectivas actuales* y publicado en 1985. Este autor señalaba que la crisis del sistema de valores había sido causada por la transformación social de la civilización occidental con la industrialización del siglo XIX. La forma de vida dejó el mundo rural por la urbe desarrollada, llena de comodidades. Esto significó, según Coombs, la relajación del férreo control moral ejercido por la familia, la escuela y la iglesia, sin ser reemplazada por ningún otro agente o institución social.

Al respecto, Milton Rokeach en su libro *The nature of human values,* publicado en 1973, señala que el concepto de *valor* es visto como criterio o como una propiedad positiva o negativa de un objeto. En este sentido, el esfuerzo formativo realizado en el ámbito escolar se ha centrado en transmitir algunos valores, pero focalizando el aprendizaje en comprender por qué es necesario vivir un valor. Sin embargo, para superar el intelectualismo socrático que postula que conocer el bien es suficiente para obrar según él, es preciso ayudar en el aprendizaje del ejercicio de lo que es bueno. Esto implica no solo educar en el plano cognitivo de lo que es un valor y por qué merece la pena vivirlo, sino también para que tenga el deseo de obrar el bien, lo que implica la urgencia de educar en la sensibilidad moral. Esto significa que es preciso educar para que los educandos deseen hacer el bien y no se vean seducidos por el mal. Sin embargo, en la sociedad presente esto no es tan evidente.

En relación con esta crisis de valores, Jorge Yarce en su libro *Valor para vivir los valores,* publicado en 2000, aporta un consejo interesante. Afirma que los docentes enseñan a los estudiantes algo que es un *material* docente no duro, sino blando: corazón, cerebro, inteligencia emocional, sentimientos, valores. ¡Qué interesante la labor del docente! Esto significa gratamente que la ayuda del educador y su influjo positivo es cada vez más necesaria para salir de esta crisis de valores. Es el momento de recuperar al docente como modelo de virtudes, ya que nadie da lo que no tiene.

Además, el educador debe ayudar a cada educando para que distinga cuáles son los actos que permiten obrar el bien, es decir, aprender cómo ejercitarlo. Habitualmente, hay miedo a señalar cuáles son estos actos, indicándole lo que está bien o no, ya que esto ha sido interpretado como un *dirigismo* del obrar humano. Es cierto que esto no es para nada apropiado, pero lo que sí parece pertinente es animarle a que obre el bien y a darle las pautas necesarias para que sean proactivos para buscar el bien. Esto se concreta en que el educador ayude a cada educando para que obre el bien ayudando al otro, reconociendo qué acto es una ayuda al otro y cuál es, por el contrario, una ofensa y, por tanto, un empobrecimiento del obrar humano.

Es probable que, por ejemplo, dar una orden directa a un hijo indicándole imperativamente que ayude a su hermano pueda ser interpretado como *teledirigir* el comportamiento. Sin embargo, esto muestra realmente el ímpetu de los padres por ayudarle a ser mejor. No obstante, esto no significa que sea apropiado el uso habitual de órdenes directas, ya que lo más certero sería ayudarle a que sea capaz de descubrir qué debe hacer, dando razones de por qué es lo más adecuado.

Se ha señalado como una misión específica la necesidad de educar para ayudar a desear obrar el bien y para que tengas ganas de ejercerlo habitualmente. Esto contrasta con lo que Adam Phillips y Bárbara Taylor en su libro *Elogio de la Bondad*, publicado en 2010, subrayan que el ser humano ha perdido la confianza en la bondad natural en sí mismo. Además, advierten que, en la actualidad, se ha aceptado que las personas son naturalmente egoístas. Por eso, según ellos, la bondad es ejercida solamente por los adultos como resultado de un desarrollo humano fruto de la educación. Asimismo, estos autores establecen que la gran mayoría acepta la pregunta laica de por qué razones el ser humano debe ser bondadoso si no ha sido creado por ninguna divinidad.

Es pertinente señalar lo que recoge José Antonio Marina en su libro *El misterio de la voluntad perdida*, publicado en 2006. En él defiende la existencia de dos sistemas éticos, uno que se fundamenta en el deber y otro en el concepto de felicidad. Esto está en relación con el renacer de la psicología positiva, más centrada en potenciar las fortalezas positivas que en la prevención de las posibles enfermedades mentales, siempre con la intención de mejorar el desarrollo personal. Las éticas basadas en el deber fundamentan los valores en el imperativo categórico kantiano, pero se diluye la motivación porque es difícil actuar motivados por cumplir el deber. En cambio, el segundo sistema, el de la felicidad, tiene el arduo problema de la fundamentación, ya que cada uno busca la felicidad en lo que desea y, por tanto, esta ética pierde objetividad. Es una ética motivacional, ya que todo el mundo quiere ser feliz.

Igualmente, Pamela Paul en su libro titulado *100 Things We've Lost to the Internet*, publicado en 2021, plantea una bonita reflexión. Este es un libro muy interesante, ya que la disponibilidad del uso del móvil nos permite estar conectados en todo momento y responder con inmediatez o comunicarnos con cualquier persona en todo el mundo. Sin embargo, según esta autora, hemos dejado de utilizar algunos objetos de uso habitual antes de Internet como, por ejemplo: las enciclopedias. También se ha perdido un valor como la paciencia. En este momento, el hecho de estar permanentemente conectados implica una continua reacción emocional ante la ingente cantidad de estímulos recibidos a través del dispositivo móvil. Se estima que una persona puede recibir entre 3000 y 5000 anuncios publicitarios al día. ¿Están los jóvenes preparados para gestionar tan elevado número de estímulos emocionales? Por eso esta es una necesidad educativa que merece ser atendida en el currículo escolar.

Es verdad que durante la pandemia hemos usado más el móvil, convirtiéndose en una herramienta imprescindible. En 2020, los datos confirmaban que la navegación de los españoles en la red, principalmente a través del móvil, había subido hasta las seis horas y los 11 minutos de media diarios. ¡Demasiado! Son datos muy preocupantes. En la actualidad, cerca de un 25% de niños son adictos al móvil. Sin embargo, es preciso diferenciar el sobreuso de lo que puede ser la adicción. Los niños están una media de cinco horas con el móvil, pero realizando diferentes actividades, como jugar, ver vídeos, usar las redes sociales o consultar información. A modo de aclaración, este excesivo uso se convierte peligrosamente en adicción cuando se dan dos rasgos: uno, la generalización de una conducta repetitiva, por ejemplo, estar enganchado a un juego, y dos, cuando el mundo gira en torno a ese juego. No obstante, aunque no se pueda percibir una clara adicción, ya en sí mismo el uso abusivo del móvil origina diferentes alteraciones mentales.

Un estudio realizado en Japón en 2017 titulado *Association between Excessive Use of Mobile Phone and Insomnia and Depression among Japanese Adolescents* arrojaba resultados muy preocupantes, ya que el uso de móviles durante más de cinco horas diarias implicaba una clara tendencia a reducir el sueño y sufrir insomnio. Mientras que el uso de los móviles para navegar por las redes sociales durante dos horas diarias conlleva un elevado riesgo de depresión. Otro estudio publicado en 2017 en EE. UU. titulado *Adolescents' electronic media use at night, sleep disturbance, and depressive symptoms in the smartphone age* concluye que existe una relación entre el excesivo y abusivo uso del móvil con la depresión, la ansiedad, el estrés crónico y la baja autoestima.

A modo de conclusión, es cierto que adquirir conocimiento nos capacita, pero no contribuye necesariamente a que seamos más humanos, sino que es cuando se da un sentido ético a esa capacitación, cuando comienza a tener un componente moral y nos ayuda a mejorar como personas. Ser mejor docente o profesional, nos tiene que ayudar a entregarnos más a los demás. En definitiva, me capacito más para, así darme más a los demás y ayudarles más.

3. ¿Cómo gestionar la libertad? La experiencia de la pandemia

Navidades de 2021, la variante Ómicron, más contagiosa que la conocida Delta, provocó que viviéramos unas navidades atípicas que nunca olvidaremos. En esas fechas, un amigo me dijo que tenía dudas de ir a pasar la nochebuena con su madre, pero que, finalmente, decidieron ir, pero extremando las medidas. Me contó que cenaron con las mascarillas FPP2 y que comían introduciendo la comida por debajo de la mascarilla: ¿fueron medidas extremas o fue precaución? Esto que fue vivido por todos, da la sensación de que se ha olvidado y que se ha quedado en el recuerdo.

El confinamiento duro nos privó de uno de los valores más apreciados que es la libertad, nos robó la posibilidad de decidir a dónde queríamos ir y con quién aspirábamos estar. Sin duda, fue una magnífica ocasión para recapacitar: ¿quién tiene derecho a privarnos de este preciado tesoro que es la libertad? El psicólogo Viktor Emil Frankl nos cuenta en su libro *El hombre en busca de sentido* cómo es posible vivir la libertad en un campo de concentración nazi con extremísimas restricciones de la libertad. Este libro tiene su historia, ya que el autor no deseaba escribirlo. Cuando fue liberado del campo de concentración, superando sus emociones negativas dictó de carrerilla a una persona que transcribió el libro, en apenas unos días, convirtiéndose en un auténtico *bestseller*, traducido a más de veinticuatro idiomas. Este autor habla reiteradamente de una libertad interior con un vestigio espiritual, que implica una independencia mental, incluso en las terribles circunstancias de la alta tensión psíquica y física producida por estar dentro de un campo de concentración. Asimismo, reitera que al ser humano nunca se le puede privar de la última de las libertades humanas que es la elección de la actitud personal ante un conjunto de circunstancias, ya que uno puede siempre decidir cómo quiere afrontar esas dificultades que no desea y seguir su propio camino. Según él, es, precisamente, esa libertad íntima la que da sentido a nuestra vida.

En este libro, Frank cuenta un encuentro con una prisionera que sabía que iba a morir a los pocos días. Ella le decía a Viktor que, en su vida anterior, antes de ser privada de su libertad era una niña malcriada que no cumplía en serio con sus deberes espirituales. Le dijo que solamente tenía un amigo y le señaló a un árbol con el que ella hablaba. Frankl llegó a pensar que quizá estaba delirando y le preguntó si el árbol le contestaba. Ella le dijo que sí y que le decía: "estoy aquí, estoy aquí, yo soy la vida, la vida eterna". La reflexión que Frankl realiza de este significativo encuentro es que la esperanza y el deseo de vivir son anhelos connaturales. Sin duda, esta experiencia nos confirma que las *ganas de vivir* es un valor esencial cada vez más necesario, que debería ser transversal en todo currículo escolar.

Todos los prisioneros que habían pasado por esta trágica experiencia comentaban que la influencia más deprimente era desconocer cuánto tiempo iba a durar el encarcelamiento. Por eso, quizá la indeseada experiencia del confinamiento no nos ha ayudado a darnos cuenta del tesoro de la libertad, posiblemente, porque nos han educado en el concepto de la libertad que Isaiah Berlín llamaba *negativa*, como liberación de yugos. Sin embargo, no nos han enseñado a gestionar esa otra libertad interior que Frankl sostiene, que fue clave para su supervivencia. Lo cierto es que, en la actualidad, se promueve, a nivel educativo, huir del dolor y del sufrimiento. Sin embargo, al final, el resultado es que, sin una clara intención, realmente privamos a nuestros hijos de la oportunidad de aprender de los errores. Además, con este proteccionismo excesivo les incapacitamos para adquirir la fortaleza necesaria superar la frustración de las propias culpas. Esta reflexión suscita la siguiente pregunta: ¿por qué no educar en esa libertad interior que da sentido a la vida y a todas nuestras acciones?

¿Tiene solución el individualismo heredado del capitalismo? El aislamiento autodestructivo individual significa creer que uno está mejor solo que acompañado, porque se piensa que toda compañía restringe nuestra libertad, nos limita en la toma de decisiones. En relación con esto, cabe tener claro que la pandemia nos obligó a vivir momentos aislados de nuestros amigos, lo que no significaba que hubiéramos estado solos.

Según muestra Enrique Anrubia en su libro *La soledad*, publicado en 2018, la radicalidad humana de quedarse solo se basa en tres cosas: primero, no tener con quién comer; segundo, no tener familia y, tercero, no tener casa. Lo apuntado por este autor ayuda a comprender el significado de la soledad, lo que nos ayuda a concluir que *estar solo* no es el aislamiento físico, sino que es no sentirse querido por nadie, es decir, que ninguna persona acoja nuestro cariño.

Durante la pandemia, por lo general, estuvimos menos tiempo físicamente con los demás porque optamos por estar más tiempo en casa. Se cambió el contacto físico por las video llamadas, pero este cambio no implicaba que la facilidad de la conexión online fuera sustitutiva del calor de la presencia física. Sin embargo, la soledad no se puede reducir a una realidad física de aislamiento, de vivir solo, sino que tiene su raíz en la persona y afecta al corazón. Está solo quien no ama a nadie y quien no se siente amado por nadie.

Decía Bauman que estamos *condenados a ser libres,* ojalá que la restricción de la libertad que hemos sufrido durante la pandemia nos haya ayudado a valorar más la libertad que tenemos. Por eso, la gestión de libertad implica enseñar a dar sentido a nuestro actuar. Al respecto, cuando uno reflexiona sobre cuál puede ser ese sentido solamente caben dos alternativas, primero, el egoísmo que para Nietzsche es donde está el amor o, segundo, la posibilidad de darse a los demás. Esta elección es clave porque es la que dirige nuestra vida y da sentido al futuro. En este punto, es pertinente preguntarse si la pandemia ha contribuido a una mayor concienciación de la búsqueda de un darse más al otro o si, por el contrario, ha sido la excusa para encerrarse más en uno mismo y vivir para uno mismo y no para los demás.

Nos interesa aclarar que durante el confinamiento tuvimos que compartir el techo con nuestros familiares y convivir con ellos, pero qué consecuencias ha tenido este convivir forzoso. ¿Hemos aprendido con la experiencia de la pandemia a *acompañar* al otro? Es importante comprender que hay un acompañar que implica estar juntos físicamente, pero que es algo superficial porque existe otro acompañar más íntimo, fundamentado en la confianza, que se expresa en dar al otro lo que necesita para ser mejor, para crecer en su ser feliz. Esta ayuda, evidentemente, no se puede reducir al consuelo afectivo, animante, sino que, dado que es íntimo, tiene relación con lo personal, con lo más profundo, con aquello que nos facilita ser mejores personas.

Estar confinados y sentirse aislados físicamente es algo que afecta a la convivencia. Ojalá la pandemia nos haya ayudado a considerar que el corazón, lo afectivo es algo momentáneo, mientras que el amor personal, el sentirse querido por otras personas no es algo instantáneo, ya que es saber que el otro está ahí siempre que uno lo necesite. La distancia física, la imposibilidad de ver al otro o de estar con el otro es una barrera fácilmente superada por el amor, no entendido como *eros*, pura pasión en relación con lo afectivo, sino *ágape*, un amor más profundo, anclado en el ser, en la intimidad.

En este mundo líquido plagado de relaciones superficiales destaca cómo el narcisismo propio de cada persona humana se ve potenciado por las redes sociales. Lo que se ha llamado el *postureo*, sacar fotos para colgarlas en las redes sociales con un mensaje que se transmite a partir de lo que se quiere mostrar con esa fotografía. En relación con esto, es pertinente destacar que el informe *Digital Report 2021*[22], elaborado por Hootsuite, sobre las tendencias digitales, redes sociales y Mobile subraya que las restricciones durante la pandemia aumentaron el número de usuarios de Internet y el tiempo de su uso. Sin embargo, este crecimiento en España no ha sido muy significativo, ya que apenas ha sido un 0,3% más que en 2019, frente al 7,3% de crecimiento en el mundo. No obstante, más de 37 millones de personas en España usan las redes, un 80% de la población, accediendo un 98% a ellas a través de dispositivos móviles, invirtiendo en esta tarea una media de casi dos horas diarias. Al respecto, los datos confirman que el uso de las redes sociales, en España, indica que casi el 90% utiliza WhatsApp diariamente, siendo la red social más usada, seguida de YouTube (89,3%), Facebook (79,2%) e Instagram (69%).

La pandemia provocó circunstancias positivas, por ejemplo, un comerciante de una empresa que apenas había podido realizar ningún viaje de negocios en 2021, contaba que, por fin, había podido conocer mejor a sus hijos, ya que en los quince años anteriores se había perdido numerosísimos acontecimientos importantes. Sin duda, la pandemia fue una buena oportunidad para estar más

---

22. *https://wearesocial.com/uk/blog/2021/01/digital-2021-uk/*

tiempo en familia, aunque encerrados bajo las mismas paredes, pero compartiendo inquietudes. Sin embargo, posiblemente esta estrechísima convivencia no ha generado las consecuencias esperadas porque se han observado algunas de las carencias de quienes convivimos. En este sentido, la pandemia no ha llevado aparejado una mayor comprensión de los demás o una más alta conciencia de aceptación del otro, asumiendo sus diferencias. Esto no se aprende en las escuelas y, por desgracia, se está soslayando también en el ámbito familiar.

Durante los meses de encierro e incertidumbre, la venta de libros de autoayuda aumentó más de un 40%[23]. ¿Qué busca la gente con la lectura de estos libros? Probablemente calmar su sed de sentirse querido, sentirse mejor consigo mismo, gestionar mejor los mini fracasos o quizá lo que se busque es aprender a sonreír a la vida. Sin embargo, insistimos que el trasfondo de esta permanente insatisfacción en la que vivimos es un problema de aceptación personal, de aceptarse uno a sí mismo cómo es y fruto de ello quererse. ¿Cómo vamos a querer a los demás si no hemos aprendido a queremos a nosotros mismos?

La pandemia ha sido una oportunidad aprovechada por muchos para valorar y saborear más los pequeños momentos de cada día, en compañía de las personas queridas. También ha sido beneficioso para entender que es un error creer que la satisfacción personal se basa en estar todo el día ocupado para sentirse útil. Por eso, una enseñanza derivada de la pandemia debería ser mejorar la capacidad para centrarse en advertir que es más grato sentirse querido y comprobar el cariño y el calor de quienes nos quieren, lo cual tiene un mayor valor que la simple privación de libertad que impide hacer cosas.

---

23. *https://elpais.com/cultura/2021-09-24/la-autoayuda-explota-en-pandemia.html*

4. ¿Cómo han cambiado las relaciones sociales tras la pandemia?

La pandemia fue un duro acicate para repensar cómo eran las relaciones personales, ya que la distancia social impuesta como el mejor medio de prevención para evitar el contagio del virus, implicaba una ineludible selección de las relaciones personales, variando los hábitos de las relaciones sociales. Al principio de la pandemia dar un abrazo o un beso era una osadía, ni nos atrevíamos a dar un apretón de manos, aunque ahora parece que nos gustan más los abrazos, quizá como superación del triste recuerdo causado por la pandemia. Respecto a esto, Paolo Giordano, licenciado en física teórica, quien saltó a la fama con su libro *La soledad de los números primos,* en otro libro reciente titulado *En tiempos de contagio*, publicado en 2020, afirmaba cómo le había cambiado la pandemia. Por ejemplo, contaba que había decidido no dar besos. Continuamente se tomaba la temperatura por miedo a todo lo que el contagio provocaba de cambios en el modo de vivir, con las rigurosas exigencias del confinamiento. Este autor subrayaba que el contagio se detendría con una vacuna. Hoy ya la tenemos y la realidad es que el contagio no se ha resuelto completamente, pero vivimos con tranquilidad, alejados del alarmismo sufrido durante la pandemia.

La pandemia también ha dejado patente que somos seres dependientes. Esta dependencia no es solo material, sino, principalmente, afectiva, desde el punto de vista emocional dependemos de nuestras personas queridas. No obstante, queremos subrayar que esa dependencia lo es, sobre todo, porque necesitamos de los demás para ser felices. Ya decía Aristóteles en la *Ética a Nicómaco* que nadie es feliz sin amigos, situando a la amistad como el mayor bien externo, superior a las riquezas.

Fernando Vidal en su libro *Cuando el mundo paró. Diario del coronavirus*, publicado en 2020, contaba una historia estremecedora recogida en *El Diario de Nueva York* que informaba que el 30 de marzo, en Brooklyn, había fallecido una anciana de 86 años. La historia es tremendamente escalofriante y suscita una reflexión. Al parecer esta anciana fue empujada por una mujer, quien declaró que se había visto forzada a empujarla porque se había acercado mucho y podía contagiarle. Cómo es posible que el miedo nos haga perder lo más esencial del ser humano que es el respeto por la dignidad de los demás.

La madre Teresa de Calcuta decía que el mejor regalo era una sonrisa. A este respecto, los estudios de neurociencia señalan que sonreír mejora el estado de ánimo personal. Es curioso porque el obligatorio uso de mascarillas solo dejaba ver los ojos, por eso tuvimos que aprender a sonreír con los ojos. Paul Ekman en su *El rostro de las emociones*, libro publicado en 1980, realiza un estudio exhaustivo de bastantes expresiones faciales utilizadas para expresar las diferentes emociones. Este autor describió dieciocho tipos distintos de sonrisas. Según él, la sonrisa no es algo solo cultural, sino de la propia naturaleza humana. Sin embargo, el modo de sonreír sí que es cultural, ya que, por ejemplo, los europeos sonreímos más con la boca, mientras que los orientales lo hacen más con los ojos.

A lo largo de la pandemia, principalmente en el confinamiento de 2020, circularon por las redes sociales muchos memes que ayudaron a olvidar la situación dura que tuvimos que vivir. El uso de estos memes es un modo concreto de expresar los sentimientos y las emociones y al enviarlos queremos desear que la otra persona se ría y que, así disfrute de un momento agradable. Además, los memes no se envían a todas las personas, sino que el envío se selecciona en función de los gustos de la otra persona, de sus intereses, de lo que puede provocar un rato agradable.

Un modo muy hispano de compartir un momento entrañable, que constituyen nuestras relaciones sociales, es ir a comer. Sin embargo, durante la pandemia se cambiaron los hábitos de consumo. Por ejemplo, el informe *Panorama de los alimentos y bebidas fuera de casa. El impacto de la Covid-19 y el camino hacia la recuperación* presentado por Kantar que señala que, durante el primer semestre de 2020, debido a las restricciones se facturó un 44% menos en la restauración. La gente prefería cocinar o pedir la comida a domicilio, por ejemplo, *Delivery* y *Take Away*, establecimientos de comida rápida para llevar, crecieron durante la segunda ola de la pandemia un 85% y un 60%, respectivamente. En concreto, durante el confinamiento de 2019 hubo 2,2 millones de nuevos usuarios de *Delivery*.

En relación con esto, la sexta edición del estudio realizado por la Asociación de empresas y fabricantes de gran consumo (Aecoc), en 2020, mostraba que el 53% de los consumidores decía que sí iría de vacaciones. Si embargo, hay un 25% que decía que no saldría de casa, de los cuales la mitad no lo haría por miedo al virus. En 2019 el porcentaje de los que se quedarían en casa era un 49%, es decir, que había descendido. Este estudio señalaba que en 2020 todavía había un 55% de los encuestados que afirmaba que no saldría a los bares y los restaurantes, de los cuales un 64% era por miedo al contagio. Además, había un 72% que cocinaba más en casa, un 37% pedía comida a domicilio y el 45% compraba productos para cocinar en casa para no ir al restaurante. ¿Qué quedará de estos hábitos en el futuro?

En otro orden de cosas, la cuarentena de quien estaba contagiado con el COVID fue un claro momento para la reflexión personal. Además, estaba unido a una sensación agridulce porque no se comprendía cómo uno había podido contagiarse si no tenía ninguna duda de que había sido extremadamente prudente. También el contagio generó un sentimiento negativo de culpabilidad, suscitando dudas de cómo uno se había podido contagiar, pensando con quién había estado o qué había hecho mal, lamentándose, además, que no hubiera tenido más cuidado. Sin embargo, la verdad es que el sentimiento de culpabilidad no obedecía a una realidad totalmente controlable. Por eso una obligada pregunta era: ¿podía haber hecho algo más para evitar el contagio? Probablemente sí, porque siempre se podía ser más cuidadoso con las medidas, aunque culpabilizarse del contagio quizá no ayudaba mucho.

Una reflexión sobre el ocio es obligada, ya que es necesario repensar lo que significa *divertido*, tratando de que sea una diversión más humana, más centrada en aquello que nos permite crecer como personas. El error está en considerar que lo divertido es solo pasar un rato agradable. Se ha aceptado que uno no puede divertirse siempre, puesto que todo no puede ser divertido. En este sentido, es pertinente remarcar que la realidad social es caprichosa porque hemos aceptado que, por lo general, el trabajo se une a sufrimiento; encerramiento se relaciona con la imposibilidad de hacer lo que nos interesa o gusta, mientras que diversión se une a libertad o ausencia de barreras para que uno pueda hacer lo que le dé la gana.

Es pertinente una reflexión personal, ya que nuestra vida se ha reducido a un estado de recarga continua, puesto que durante la semana nos dedicamos a trabajar para recargar las pilas el fin de semana, aprovechando el sábado para ir al supermercado y limpiar la casa, aunque esta pueda resultar una anodina manera de disfrutar del fin de semana. Ansiamos tener más tiempo, pero para qué, ojalá sea para estar más con los seres queridos. Esto nos empuja a comprender que lo padecido en la pandemia debería ser una gran oportunidad para descubrir que también lo cotidiano, por ejemplo, tomar un café con un amigo, aunque parezca vulgar, puede servir para disfrutar. A lo mejor es que el problema es que no sabemos disfrutar con lo cotidiano.

En relación con esto, el ocio a domicilio o a la carta es una de las herencias de la pandemia. A lo largo del confinamiento, la gente prefería quedarse en casa a ver películas o series para lo que se daban de alta en algunas plataformas de contenido audiovisual. Netflix y Prime Video de Amazon fueron las que más nuevos usuarios habían tenido durante los últimos meses, seguidas de Disney + y HBO. Por supuesto que lo *online* seguirá, ya que se ha optado por lo virtual en lugar de lo presencial para muchas actividades. Asimismo, se procuran realizar más actividades al aire libre.

5. ¿Ha modificado la pandemia el modo de viajar?

La sexta edición del estudio realizado por la Asociación de empresas y fabricantes de gran consumo (Aecoc) de 2020 señalaba que el 88% de los encuestados afirmaba que gastaría menos dinero en viajes, reservas de avión, tren, hoteles... que lo habitual. Al respecto y, según un informe del Observatorio de Turismo Rural[24], en los seis primeros meses de 2021 se incrementaron un 22,1% los viajes para visitar a familiares o amigos, los viajes de ocio aumentaron un 26,9%, un 41,4% los de negocios y los viajes por otros motivos un 55%. No obstante, actualmente se han recuperado los datos de los años anteriores a la pandemia. Por ejemplo, una encuesta realizada por Movimientos Turísticos en Frontera (Frontur) y de Gasto Turístico (Egatur) que fue publicada por el Instituto Nacional de Estadística confirma que en 2022 España fue visitada por 71,6 millones de turistas, un 86% de los datos de turismo de 2019. La estancia media de estos viajeros fue de 7,5 días en 2022, ligeramente más que los 7,1 días de 2019. También el gasto medio que los turistas internacionales consumaron en 2022 supera en un

---

24. *https://www.observatur.es/wp-content/uploads/2021/12/ObservaTUR-informe-8-invierno-21_22_compressed-2.pdf*

10,5% los datos de 2019. ¿Significa esto que se ha perdido el miedo a viajar que tan presente estaba durante la pandemia? Está claro que la pandemia ha supuesto un giro en nuestro modo de concebir los viajes. Lo más destacado es que, de cara a los viajes de trabajo para reuniones presenciales, ahora uno se plantea la necesidad de ese desplazamiento para ver si se puede mantener esa reunión de modo virtual. Esto supone un cambio significativo, porque antes de la pandemia se pensaba que solo eran eficaces las reuniones presenciales. Asimismo, la nueva cultura del teletrabajo, que ya está más presente, va a facilitar la reducción de los habituales desplazamientos a los centros de trabajo. También esto ayudará a que muchas de las reuniones sean virtuales y no se observe la necesidad de que sean presenciales.

Durante la pandemia han proliferado las reuniones virtuales, incluso los consejos de administración de las grandes compañías se celebraron de modo virtual. ¿Qué se ha ganado? Tiempo y comodidad. La pandemia ha descubierto que un alto porcentaje de las reuniones que se mantenían en el periodo prepandemia no eran realmente eficaces. Por ejemplo, Jeff Bezos, una de las personas más ricas del mundo, dueño de Amazon, tiene un modo muy particular de realizar las reuniones. Él modificó las largas reuniones con tediosas presentaciones con la introducción de un sistema que denominó *Six Page Narrative*. Es un sistema sencillo, puesto que cada ejecutivo que tiene que explicar algo lo debe resumir en seis páginas. De modo previo a la reunión reparte las reflexiones entre los asistentes que tienen 20 minutos para leerlas en silencio, anotando sus preguntas. Transcurridos los veinte minutos comienza la reunión de verdad.

Lo cierto es que la pandemia ha ayudado a una reflexión sobre la necesidad de los desplazamientos de trabajo y seleccionar mejor el tipo de reuniones. A este respecto, hay reuniones de inicios de periodos de ventas en las que es preciso analizar resultados y establecer objetivos y, por eso, quizá parece oportuno que sean presenciales. Sin embargo, las reuniones de seguimiento o para aclarar algunas cuestiones puntuales no precisan que sean presenciales. Por tanto, la pandemia ha servido para aplicar una política de viajes en el entorno laboral más restrictiva y sensata porque hay desplazamientos que son innecesarios.

También es preciso valorar si hay personas que prefieran no usar los medios públicos, sino caminar, sobre todo, para algunos viajes cortos. Los datos confirman que ha aumentado el uso de la bicicleta y del patinete, un medio sencillo de transporte para trayectos cortos. Al respecto, la Red de Ciudades por la Bicicleta (RCxB) realizó un estudio en abril de 2021 titulado *La bicicleta y el patinete en tiempos de pandemia en las zonas urbanas*[25] que señala que 700.000 personas se han incorporado al uso de la bicicleta y unas 370.000 al patinete. Un dato significativo es que más de dos millones se plantean su uso en un futuro próximo.

Además, tendremos que estar atentos a los nuevos hábitos de los viajeros y recoger datos de si la gente prefiere más otros modos de transporte alternativos al avión, con viajes quizá más cortos de tres o cuatro días, en fechas alternativas a las típicas del verano, incluso buscando otros destinos menos masificados y que proporcionen experiencias positivas de aprendizaje. Es probable que, en el futuro, quizá como una consecuencia de la postpandemia, se vayan a personalizar más las experiencias de turismo y los viajes no se limitarán a las fechas de verano, sino que la gente intentará también irse en otros momentos del año. De este modo se ampliarán los viajes durante los doce meses.

Es momento de aprender de los datos y del análisis de estos para ver cuáles son los flujos de movimientos de las personas. La

25. *https://www.ciudadesporlabicicleta.org/wp-content/uploads/2021/05/1314_BiciyPatineteCOVID_Informe-OK.pdf*

realidad es que cada vez es más necesario el uso de la tecnología para descubrir nuevos clientes y comunicarse con ellos. Un documento preparado por la Organización Mundial del Turismo (OMT)[26] titulado *Prioridades de la OMT para la recuperación del turismo,* y publicado el 28 de mayo de 2020, establecía medidas que podían ser útiles para salir de la crisis. Por eso señalaba la pertinencia de crear puestos de trabajo con valor añadido basados en las nuevas tecnologías, incluyendo nuevos perfiles que estuvieran relacionados con la ciberseguridad, el análisis de macrodatos o la ciencia de datos. Asimismo, también se insistía en invertir en la transformación digital que ayudase a una mejor planificación y gestión de los destinos turísticos.

6. De la implicación social al compromiso personal

Los momentos complicados de la sociedad, como el vivido con esta pandemia, sacan lo mejor de la gente, ya que los que tienen más corazón muestran su enorme solidaridad. Un ejemplo fue la masa de voluntarios, la mayoría universitarios, que acudieron a la llamada para limpiar los 200 kilómetros de las playas gallegas de la Costa da Morte, el 19 de noviembre de 2002, que se vieron cubiertas por el fuel vertido debido al hundimiento del petrolero *Prestige.* Estos jóvenes de las generaciones actuales, quienes no dudaron en apoyar al SOS de esta población gallega, se caracterizan ahora por ser más solidarios y les gusta participar en estas actividades, pero sin un compromiso prolongado, ya que no quieren estar atados y sujetos, faltos de flexibilidad, a un compromiso encorsetado. Los jóvenes

---

26. *https://webunwto.s3.eu-west-1.amazonaws.com/s3fs-public/2020-06/200606%20-%20UNWTO%20Priorities%20for%20Global%20Tourism%20Recovery%20ES.pdf*

tienen que sentir lo que hacen de un modo nítido, si dejan de percibir ese sentimiento, parece que pierde sentido el compromiso. Asimismo, este compromiso requiere ser avivado con un sentimiento de pertenencia, quien no siente algo como propio, ni se siente como parte de este, es realmente difícil que *arrime el hombro* para mejorarlo. La sociedad actual está minimizando todo lo relativo al compromiso, dinamitando todo lo que huela a tener unas ataduras, que signifique sentirse menos libre. Esto se percibe sonoramente cuando el compromiso implica un no retorno al punto de partida. En este sentido, el matrimonio es un compromiso que uno toma con una clara perspectiva de futuro y con el anhelo de permanencia, de convertir en perenne algo maravilloso como es la convivencia y un proyecto en común con alguien a quien se ama y por quien se siente algo muy especial. Sin embargo, esto implica una renuncia a que en el futuro pueda venir algo mejor, supone decir que no a eso que puede ser mejor, pero a lo que renunció desde ya. Por eso, en la actualidad, el compromiso no se entiende como duradero. Lo cierto es que el compromiso prolongado y sostenido, un sí rotundo, una lealtad a los principios o a las decisiones es cada vez más complicado.

El COVID-19 no va a solucionar esta cuestión instalada en nuestra sociedad plural, quizá haya permitido una reflexión acerca de lo que realmente apreciamos. No obstante, el ininterrumpido aplauso solidario todas las tardes a las ocho durante el confinamiento ha sido una muestra de intentar sacar lo mejor del ser humano. Es cierto que ha sido un momento que se ha querido manipular pero, en el fondo del corazón, quienes salían al balcón, para romper la cansina monotonía del día, soslayaban esta supuesta manipulación mediática, ya que aplaudían sinceramente al personal sanitario.

Es pertinente subrayar una preocupación de una de las filosofas más influyentes del siglo XX, Hannah Arendt, en su libro *De la historia a la acción*, quien señala que la educación "es el punto en el que decidimos si amamos al mundo lo bastante como para asumir una responsabilidad por él y de salvarlo de la ruina" (p. 247). En este mundo tan individualista es complejo un compromiso por implicarse con el futuro del mundo. En este sentido, quienes pensaban, llenos de optimismo, que la reflexión postpandemia podría dar una solución al relativismo, no están acertados, ya que la verdad es que no parece que hayamos modificado un ápice nuestro individualismo exacerbado.

A modo de reflexión sugerente se puede señalar que todo compromiso se manifiesta de diversas maneras. En primer lugar, la lealtad de quien da su palabra y cumple con ella. En segundo, la honradez que ayuda a jerarquizar los intereses, priorizando las personas antes que el dinero. En tercero, perseverar en la consecución de los ideales. En cuarto, identificarse con la misión de la empresa, mostrándose como parte de ella, ilusionado por ello.

¿Qué tipo de relaciones queremos para nuestro futuro? La pandemia también ha servido para descubrir quiénes son los verdaderos amigos. Para ello se puede comprobar con quiénes hablamos más por teléfono durante la pandemia. El compromiso tiene una estrecha conexión con la lealtad a los amigos, ya que en tiempos difíciles lo que nos queda es la amistad, el agradecido apoyo de quienes son nuestros amigos, especialmente en momentos complicados.

En cuanto al compromiso de los jóvenes, se puede observar en cómo se identifican con su puesto de trabajo. Un estudio de la *London Business School* de 2014 mostraba que el 90% de los jóvenes de la *Generación Y* que estaban trabajando afirmaban que no querían quedarse en ese trabajo más de cinco años. Un 40%, en el momento que iniciaban su trabajo en esa organización, ya estaban pensando en el siguiente paso a dar.

A este respecto, el estudio realizado por la Fundación Pfizer y Fad, en junio y julio de 2021, con una encuesta a 1200 jóvenes entre 15 y 29 años titulado *Jóvenes en pleno desarrollo y en plena pandemia* confirma algunos datos interesantes. El confinamiento les ha afectado de modo que un 37% quieren disfrutar más de la vida y un 23,1% son más optimistas. Sin embargo, son pesimistas con el futuro profesional, un 54% cree que tendrá que trabajar en lo que le ofrezcan. Además, solamente un 8,6% afirman que serán más comprometidos, un 9,9% entre las mujeres y un 7,4% entre los varones.

En conclusión, los jóvenes son el futuro pero, por desgracia, se han visto privados de la normalidad durante casi dos años. Si los adultos hemos sufrido el malestar del COVID-19, ellos, con más energía que nosotros y con mayor necesidad de salir a la calle, han sido privados de esta interacción con sus amigos. Será interesante ver cómo transcurre el futuro para estos jóvenes y qué han aprendido de esta situación. Sin duda, un estudio longitudinal de estos jóvenes permitiría descubrir en qué medida les ha afectado los diferentes confinamientos.

Capítulo 6

Liderazgo político

1. Liderazgo participativo *versus* liderazgo fuerte

Maquiavelo afirmó que en momentos de transformación social o de crisis política, como en la Italia de los Medici que le tocó vivir, era necesaria la figura de un príncipe, con capacidad de instaurar un nuevo orden. Las transformaciones sociales requieren un liderazgo más creativo, y no tan fuerte, como quizás se pudiera pensar. Al respecto, el docente de la Universidad Oxford Archie Brown en su libro *El mito del líder fuerte. Liderazgo político en la Edad Moderna*, publicado en 2018, sostiene que no existe una correlación positiva entre un liderazgo fuerte y otro eficaz y bueno. Rechaza con ello que la solución a la crisis de liderazgo político venga de un autoritarismo, sino que se necesita un líder, alguien que guíe, que sea capaz de ver el camino hacia un mundo mejor. Sin duda, ahora esa es nuestra necesidad.

Sin embargo, el político que necesitamos no es un tecnócrata, o sea, un buen gestor que acumule destrezas eficientes. Es recurrente la idea de que los mejores empresarios de cada país serían los mejores gestores políticos en un hipotético gobierno. No obstante, liderar un país es más que gestionar los bienes públicos porque no es lo mismo un gerente que un líder. El gestor es un especialista, un experto con capacidad para rendir con eficiencia y eficacia. Sin embargo, un líder es capaz de sacar lo mejor de las personas de su equipo. El líder es, principalmente, un gestor de personas que lidera el talento de su equipo. El líder da ejemplo, va delante, no se aísla a un lado. El líder dice *seguidme*, no ordena a los demás que vayan. Mandela, uno de los líderes indiscutidos del siglo XX, decía que "hay momentos en los que un líder debe adelantarse a su rebaño, lanzarse en una nueva dirección, confiado en que está guiando a su pueblo en el camino correcto"[27].

A este respecto, el error del retrato robot de líder está muy presente en nuestra sociedad. Se ha asumido la frase de: *el líder no nace se hace*, de modo que estamos empeñados en *hacer* líderes, en dotarles de lo necesario para convertirles en auténticos líderes, pero es preciso reflexionar si esto no será desnaturalizar lo que significa *ser líder*. No conviene convertir al líder político en un robot, que haga cursos de telegenia, que lea discursos preparados por los mejores asesores; ¿qué hay de natural en todo eso?

En relación con esto, Baltasar Gracian, en su conocido libro *El héroe* afirma que una cualidad indispensable de un héroe es lo que denomina el *corazón de rey*. Gracian señala que el corazón es la fortaleza para abordar un problema, por eso, el político juicioso e ingenioso se infrautiliza si le falta fortaleza para defender sus ideas y para abordar los problemas. Ser fuerte no significa, por tanto, ser autoritario o imponer ideas, sino resolver los problemas reales que tienen los ciudadanos.

También Weber aporta una cuestión digna de ser señalada, ya que asevera que las tres características decisivas de un político son la pasión, el sentido de responsabilidad y el sentido de la distancia.

---

27. Cfr. Mandela, Nelson. *El largo camino hacia la libertad. La autobiografía de Nelson Mandela*. Madrid: Aguilar 2010, pp. 544.

El político debe tener pasión para dar importancia a los problemas reales para entregarse de modo apasionado a la actividad política. Además, la pasión requiere el sentido de responsabilidad para guiar correctamente cada acción. Y la distancia es necesaria para que la realidad actúe sobre el político sin perder la serenidad ni el recogimiento interior.

En este sentido, es en los momentos de crisis cuando se observa el verdadero líder, quien tiene esas dotes de mando de modo natural y, por tanto, es natural seguirle. En esos momentos y, en función de cuál sea la crisis, no valen protocolos ni planes de prevención realizados con antelación, desde luego que son una base, pero no es suficiente. Por eso el líder se crece en las dificultades, se siente responsable de las personas que dependen de él. No tiene miedo a dar la cara y a arremangarse cuando sea necesario.

En relación con esto, John Maxwell, uno de los gurúes sobre liderazgo más influyentes del mundo, señala que necesitamos líderes que afronten los grandes retos del futuro, en hacer posible lo imposible. Los líderes tienen esa visión para ver lo que otros no ven y tienen la capacidad de convencer a todos que lograr eso que solamente ellos ven es posible, que se puede alcanzar.

No obstante, sí que es pertinente considerar que los líderes tienen algunas características naturales que permiten que los demás los vean como personas admiradas y que pueden ser seguidas. Por ejemplo, John Lynch en su libro sobre *Simón Bolívar* señalaba que éste destacaba por su gran fuerza de voluntad, lo que le permitía no pararse antes las dificultades, sino afrontarlas con espíritu alegre. Ambas, la fuerza de voluntad y la alegría han de ser dos características del líder político que la sociedad demanda.

Una clara muestra de este liderazgo natural es el de la alemana Angela Merkel. El aplauso que los alemanes le brindaron, después de tanto tiempo dirigiendo el país, confirma que es un país con alma. Con ello supieron reconocer la bondad de una política entregada a la conquista permanente de dar lo mejor de uno mismo para el logro de lo que la sociedad necesita.

Indudablemente, los ciudadanos no necesitamos un líder fuerte o autoritario, sino uno comprensivo que sepa trabajar en equipo y que se rodee de personas que sean mejores que él. Este liderazgo es más participativo, ya que atiende a las necesidades y las afronta, sin miedo. No deja pasar las oportunidades para realizar bien lo que se espera de él. No defrauda. Entiende, la política como un servicio, sin la necesidad de recibir contraprestaciones, sino que sirve gratuitamente. Es un dar sin esperar nada a cambio, no solamente porque este carente de agradecimientos, sino porque incluso puede ser criticado. No obstante, cuando un político se preocupa del pueblo y manifiesta con su modo de actuar que su única y gran preocupación son los ciudadanos a los que sirve, esto es recompensado. Son pocos, pero hay políticos que tienen muy buena prensa, que son respetados por los periodistas, que tienen prestigio. Pocos, pero algunos incluso son jaleados y queridos por los ciudadanos.

2. La política del futuro: el nuevo liderazgo político

En 2008 Barack Obama alcanzaba la presidencia de EE. UU., era el primer afroamericano que lograba el sueño americano de ser presidente. Los ciudadanos confiaron en él para deshacer el entramado del *establishment* de Washington porque era joven, moderno, con ideas novedosas y con una gran determinación para llevarlas a la práctica. El propio Obama en su libro *La audacia de la esperanza* señalaba que, en campaña electoral, mucha gente le paraba para decirle que tenían la esperanza de que pudiera cambiar algunas cosas del modo de hacer política, pero también le transmitían el miedo a que el poder de Washington le cambiase. Por todo, ello el COVID-19 debería dejarnos la confirmación de la necesidad de un nuevo modo de *hacer política* liderada más por los ciudadanos. La sociedad civil tiene que recuperar el protagonismo dejando de ser marioneta que únicamente ejerce su derecho al voto cuando los políticos deciden convocarles a las elecciones. En relación con esto es relevante reseñar lo ocurrido el 20 de enero de 1961. John F. Kennedy, en el discurso de toma de posesión, dijo la famosa frase: "No te preguntes qué puede hacer tu país por ti, sino qué puedes hacer tú por tu país". Si esta pandemia hubiera ayudado a rescatar el protagonismo de la sociedad civil, hubiera sido un buen regalo.

¿Cómo debe ser el líder político del siglo XXI? Esta es una pregunta habitual para quienes sienten pasión por la política y están interesados en ser dirigidos por los mejores líderes políticos. Al respecto, Nye, en su libro *Las cualidades del líder*, publicado en 2011, se plantea qué necesita un líder para tener éxito tanto en los negocios como en la política. Subraya que el modelo de líder jerárquico con métodos coercitivos debe transformarse en otro de un líder más blando, que, sin imposiciones, ejerza un liderazgo ético. Por tanto, como afirmaba Aristóteles, el líder político tiene como tarea principal guiar a los ciudadanos hacia el bien para construir una sociedad más justa. ¿Es esto utópico en la actual sociedad?

Obama tenía la habilidad de lograr que quien le escuchaba creyera que era capaz de ponerse en su papel[28]. Sin embargo, el liderazgo carismático al estilo weberiano no es lo que necesita esta sociedad instalada en la inmediatez de Internet: *el placer en un clic*. El líder que necesitamos debe tener empatía, saber escuchar para atender a las necesidades de los ciudadanos, sintonizando con todos. Debe prever los problemas con visión de futuro, aprendiendo a jerarquizar cuál es el más urgente. Necesitamos alguien capaz de

28. Cfr. Barbera, R. y Benedicto, M. A. (2102). *Estados Unidos 3.0. La era Obama vista desde España*. Madrid: Plaza y Valdés, 145.

un liderazgo compartido, colectivo y colegiado. ¿Ese líder nace o se hace? En relación con esto, está lo que se puede leer en el libro *El líder resonante crea más. El poder de la inteligencia emocional*, publicado en 2010, por Daniel Goleman, Richard Boyatzis y Annie McKee, quienes analizan el liderazgo de 4.000 directivos de diferentes organizaciones, mostrando como nota común la resonancia, una capacidad de generar emociones positivas en las personas que dirigen. Estos autores concluyen que la resonancia es una habilidad que se puede aprender.

En la reflexión de cómo debe ser la vocación política, cabe destacar una de las frases célebres de Dwight D. Eisenhower, presidente de Estados Unidos entre 1953 y 1961, es que "la política debería ser la profesión a tiempo parcial de todo ciudadano". Ya los griegos proponían que los ciudadanos libres fueran elegidos por sorteo para ejercer algún cargo de responsabilidad para que *palparán* que significaba servir a los ciudadanos. Es indudable que necesitamos más compromiso de los ciudadanos para mejorar el actual sistema de representatividad, lo tenemos al alcance, puesto que las facilidades tecnológicas posibilitan perfeccionar el ejercicio del voto y no reducirlo a las elecciones. Esta es la reflexión que realiza Daniel Innerarity en su libro *Calidad democrática*, quien afirma que el problema de la clase política actual tiene difícil solución, ya que la democracia necesita actores que el propio sistema es incapaz de producir.

El héroe y líder no tiene miedo, es transparente con su visión y confía plenamente en su equipo. Al respecto, Castillo, en su libro *14 líderes inesperados*, publicado en 2012, cuenta que Hernán Cortés daba amplia información a su ejército antes de entrar en combate, les explicaba cómo había planeado el combate, cuáles eran los objetivos y cómo tenía planteado lograr la misión.

Sin duda, los expertos sostienen que la información es poder, pero el líder quiere hacer partícipes a quienes le ayudan de las decisiones, necesita contar con ellos y que se sientan implicados. No es autoritario, sino que sabe escuchar y se deja aconsejar, siendo dócil a quien le aconseja como experto. Esto implica, evidentemente, la plena confianza del líder en todas las personas a quien dirige. Sin embargo, la política es un lugar de continuas desavenencias, de deslealtades, lo que implica que el núcleo de confianza se reduzca cada vez más, eligiendo, sobre todo, personas sin aspiraciones, sin ideales, en el fondo, que no den problemas. Pero este es un lastre demasiado pesado que entorpece que proliferen los políticos con un liderazgo transparente y abierto.

A este respecto, Obama en su libro *Los sueños de mi padre. Una historia de raza y herencia*, publicado en 2017, relata cómo su padre le daba un consejo: "la vida es corta, Barack –me decía–. Si no intentas de verdad cambiar las cosas, mejor será que lo dejes"[29]. ¿Cómo garantizar que el político busque servir a la sociedad? La clave es encontrar y elegir a líderes que no piensen en primera persona, sino en servir, que piensen en tercera persona; esto implica una gran dosis de generosidad. Sería un error gravísimo que el líder político se vea a sí mismo como el *jefe* que puede imponer su programa político. No vale la opinión del político, sino la de quienes son soberanos: el pueblo. El principal valor del líder político debe ser comprender qué es lo que la sociedad necesita en cada momento y cómo liderar para que cada ciudadano sea mejor persona y encuentre así la felicidad.

3. El liderazgo ético: el político íntegro

Max Weber en su libro *La política como profesión* afirmaba que el verdadero político ha de ser un líder y un héroe. Todas las ca-

---

29. Obama, B. (2008). *Los sueños de mi padre. Una historia de raza y herencia*. Almed, p. 214.

racterísticas que se han resaltado del líder que la sociedad actual demanda se resumen en que debe ser una persona íntegra y esto confirma que es necesario recuperar la propuesta ética de Aristóteles. Este es el propósito de Javier Gomá en su libro *Ejemplaridad pública*, publicado en 2009. Realiza un nítido diagnóstico de la situación del juego político y cree que es necesario el uso de mecanismos de ejemplaridad pública. El principal, según el autor, es una práctica política que no sea denigrante, en un continuo ejercicio insultante del rival, maquillando una supuesta política constructiva, aunque en realidad es pura ficción, puesto que solo se intenta meter el dedo en el rival, acusándole de lo mal que hacen las cosas. ¿Hay verdadero interés en resolver los grandes problemas de la sociedad? Mientras la política consista en el único empeño por mantenerse en el cargo y no en solucionar los problemas parece complicado que haya firmeza en buscar lo que la sociedad necesita. A lo largo de este libro se ha insistido en que la incertidumbre provocada por la COVID-19 puede ser una gran oportunidad para transformar las cosas y no dejarlas igual.

En la actualidad se puede destacar que lo que se denomina *persona íntegra* es el correlato del hombre virtuoso de la ética Nicomáquea. El error actual está en creer que virtuoso solo es quien es plenamente perfecto, lo cual es un objetivo poco atractivo. Sin embargo, la virtud aristotélica es una *disposición estable* a obrar siempre para dar el bien a los demás. Esto está en relación con su afirmación de que la política es la actividad más noble, ya que es hacerse cargo del bien supremo que es la *eudaimonía*, la actividad de quien obra guiado por la virtud. Limitar la virtud a una repetición de hábitos sin una intención es desligarla de la persona y de su verdadero sentido, ya que no se puede *desgajar* la virtud del quién que decide y actúa. ¿Qué utilidad hay en ser virtuosos, si uno se guarda para sí la capacidad de descubrir el bien y renuncia a ser guía para enseñar a los demás el camino de la excelencia para alcanzar la felicidad? Sin duda, es pertinente afirmar que la política es servicio, no debería ser solamente un modo de decir.

En relación con lo apuntado por Aristóteles, está la propuesta de Tintore[30], quien señala que el *liderazgo ético* consiste en llegar a ser un líder preocupado por las personas y por el desarrollo personal de estas, que busca servir a la comunidad, empeñado en mejorar la sociedad y, como consecuencia de esa búsqueda, él también mejorará. Sin embargo, este tipo de liderazgo contrasta con los valores que imperan en nuestra sociedad, marcados por el individualismo. ¿Está la actual sociedad individualista preparada para reconocer la estética de un liderazgo ético? Sí, porque es connatural al ser humano reconocer la belleza del bien.

Es pertinente subrayar que la sociedad actual fomenta la competitividad, dividiendo entre los exitosos ganadores y los tristes perdedores o fracasados, pero no es justa con estos últimos. La pandemia nos debería haber enseñado que el enemigo no somos nosotros mismos, el otro, que es como yo, sino que el enemigo es lo que desestabiliza nuestro particular modo de vivir, aquello que nos aleja de la vida virtuosa. El egoísmo que penetra nuestro corazón y nos corroe nublando la vista: aprender a mirar con compasión y comprensión sería una gran enseñanza de esta postpandemia.

La comodidad presente en nuestra sociedad, heredada del capitalismo individualista, eclipsa toda intención de guiarse por el bien ayudando al otro, puesto que es políticamente incorrecto mostrarse demasiado proclive a buscar el bien común. No obstante, sería necesario definir qué es el bien común, puesto que la subjetividad situada en este mundo implica que no haya una definición única de *bien común*, sino tantas como gobiernos haya o como personas existan.

---

30. Cfr. Tintoré, M. (2001). El liderazgo de Blair en Gran Bretaña: 1997-2001, *Revista de estudios políticos*, 113, p. 328.

En la cultura política se ha sustituido el verbo por la consigna y la imagen. Esto significa que los políticos son de laboratorio, cuidando la imagen o el eslogan fácil, pero faltos de ideas y, sobre todo, carentes de una sincera intención de gobernar para el bien de todos. Muchos van *descaradamente a lo suyo*. Por eso, la solución que proponemos radica en que solamente quien busca el bien y obra según él, quien considera que las relaciones humanas deben regirse por una ética, reconoce el mérito del liderazgo ético y prefiere ser gobernado por él.

En conclusión, si hemos sido capaces de priorizar la salud a la economía es una señal del camino a seguir, el dinero no lo es todo, existen otros valores que apreciamos más, pero quizá la prisa nos ciega para descubrir que el amor de los seres queridos, el agradecimiento, la sonrisa sincera, la solidaridad, entre otros, son valores y realidades que hemos visto estos últimos años, que sobrevivirán a la pandemia y perdurarán si nos empeñamos en ello.

4. La clave del nuevo modo de hacer política: la elección de los líderes políticos

A lo largo de la pandemia observamos que la gestión de esta grave crisis desbordó la actuación política. El equilibrio entre la salud y la economía mostró diferentes modos de gestionar una compleja situación. En general, siguiendo las directrices de la OMS, prevaleció la salud a la economía. No obstante, no todos los políticos optaron por este seguidismo a las medidas anti-COVID dictadas por la OMS, ya que Trump desafió la realidad con multitudinarios mítines durante su campaña electoral de 2020. Mostró un rebelde desprecio al uso de la mascarilla, llegando a afirmar que no permitiría a la prensa darse el gusto de verlo con mascarilla.

Además, esta situación de riesgo sanitario no ha removido los cimientos de la política, algunas tímidas voces han subrayado la necesidad de un nuevo planteamiento y un cambio de paradigma. En la defensa que venimos realizando de que la pandemia debería haber marcado un nuevo modo de hacer las cosas, consideramos también este crítico momento como una oportunidad para realizar un balance acerca de la idoneidad del sistema de elección de los líderes políticos. Este sistema no avala que se elija al mejor, quizá por la incertidumbre de que no sabemos a quién elegir o porque no sabemos qué es lo que queremos. Al respecto, Noam Chomsky señala en su libro *El miedo a la democracia*, publicado en 1992, que las elecciones se han convertido realmente en una selección, es decir, en seleccionar el mejor candidato dentro de lo que hay, lo que, por desgracia, se convierte en un elegir al menos malo.

Al mismo tiempo, el sistema electoral nos permite elegir a un buen candidato, pero significa eso necesariamente que debería gobernar bien. Al respecto, Champeau e Innerarity en su libro *Internet y el futuro de la democracia*, publicado en 2012, dicen que Obama fue mejor candidato que presidente, ya que, comunicar no es lo mismo que tomar decisiones. A la par, los franceses pusieron su esperanza en Emmanuel Macron, joven y con un estilo nuevo, percibiendo en él alguien capaz de superar la vieja política de los partidos, pero parece que tampoco se ha alcanzado el resultado esperado.

¿Cómo garantizar que elegimos a un buen presidente o alcalde y que va a gobernar bien si no tenemos experiencia real de cómo gobierna? En la mayoría de los casos su aval es la larga trayectoria dentro del partido, con nula o escasa experiencia laboral fuera del ámbito político. Por eso sería interesante idear un sistema que ayude a elegir a la persona idónea para resolver los problemas económicos, sociales y de convivencia y no tanto a un candidato mediático, con buena imagen que hable bien en público, quizá usando viejos clichés aprendidos en algún curso de telegenia.

Actualmente, necesitamos líderes auténticos, no construidos en un laboratorio. Tucídides en su libro *Historia de la Guerra del Peloponeso* nombra a Pericles como el primer ciudadano de Atenas y entre las características que le otorga, subraya una especialmente que es el temple cuando las cosas salen mal. Es lo que Daniel Goleman denomina *autocontrol*. Esto requiere la prudencia para saber cuándo actuar y cómo. Necesitamos políticos que ejerzan la prudencia, virtud indispensable para quien quiere ser virtuoso, tal y como señaló Aristóteles.

Una reflexión que puede aportar luz a esta cuestión es la que plantea Leopoldo Abadía, en el libro *La hora de los sensatos: una solución práctica a todos los problemas que nos ha traído la crisis*, publicado en 2010, indica que el buen político no se mide por su capacidad de ganar elecciones. Para él la política es el arte de sacar lo mejor de lo que la gente lleva dentro. Es el arte de exigir a las personas, esta es una clave para entender cuál es el verdadero papel de los políticos, ya que todos demandamos que sean auténticos líderes para que hagan mejores a quiénes gobiernen. Por eso cabe preguntarse si es esto posible en la sociedad actual o es una utopía.

En este sentido, es necesario elegir representantes políticos que se pregunten sobre cuáles serán los cambios que vendrán en el futuro y cómo deberían ser gestionados. No se trata solo de gestionar el presente, sino el futuro. La primera prioridad es el cambio en la gestión de lo político, siendo necesaria una transparencia total. Esto, probablemente, requiera un cambio en las leyes, pero es vital que esta ansiada transformación venga también de la clase política. No obstante, esta apertura de la clase política requiere también más implicación de los ciudadanos.

Evidentemente, la actual partitocracia dificulta los cambios serios en política, ya que cuando uno de los partidos mayoritarios gana las elecciones o, aun sin haberlas ganado, pacta para gobernar, entonces comienza el clientelismo, es decir, la colocación a dedo de los *afines*. Aparece la *limpia* de los que estuvieron y entran otros nuevos. Cabe destacar las dos preguntas formuladas por Byung-Chul Han, en su libro *En el enjambre*, publicado en 2014, netamente actuales: "¿Para qué son necesarios hoy los partidos, *si cada uno es él mismo un partido*, si las ideologías, que en tiempo constituían un *horizonte* político, se descomponen en innumerables opiniones y opciones particulares? ¿A quién representan los representantes políticos *si cada uno ya solo se representa a sí mismo*?" Palabras duras porque también denuncia el creciente egoísmo y el narcisismo en el ser humano.

Sin duda, la partitocracia, el excesivo poder del *aparato* del partido en las democracias actuales es una clara dificultad para legislar y gobernar a un no tan corto plazo. Lo cierto es que el actual sistema de control y de equilibrios de la democracia fue ideado en el siglo XIX. Después de casi dos siglos, no se ha modificado apenas nada. Tampoco parece que la convulsión sufrida por la pandemia sea el acicate para modificar esta anquilosada situación.

En este sentido, es pertinente subrayar que la postpandemia puede ser una gran oportunidad de humanizar la política para que sea transformada en auténtico servicio a los ciudadanos. Por eso se precisan líderes humanos al frente de las ciudades y de los países, personas que vivan una política de hechos y no de palabras. Entre ellos, en los últimos tiempos algunos destacan al *viejo docente*, como era conocido el catedrático de derecho político D. Enrique Tierno Galván, alcalde de Madrid desde 1979 hasta su muerte en 1987 por culpa de un cáncer. Fue, sin duda, un claro ejemplo de saber estar a la altura de las circunstancias. Se cuenta que protagonizó una anécdota que muestra la figura de este político. No fue el candidato más votado, por apenas un puñado de 13.000 votos, fue la UCD el partido más votado con la candidatura de José Luis Álvarez, alcalde durante la transición. Sin embargo, Ramón Tamames, del partido comunista, apoyó al viejo docente para que fuera el alcalde. Cuando fue a ocupar el despacho oficial encontró un crucifijo sobre la mesa de trabajo. Le sugirieron que lo retirase, pero él, siendo agnóstico, espetó: "Dejen el crucifijo donde está. Es un símbolo de paz". En sucesivos intentos de quitarlo, él volvió a responder: "La contemplación de un hombre justo que murió por los demás no molesta a nadie. Déjenlo donde está".

Un ejemplo de esto que se está apuntando es Julio Anguita, conocido como el *califa Rojo*, fue elegido alcalde de la ciudad de Córdoba en 1979. El primer alcalde comunista de la transición. En aquella ocasión no logró la mayoría absoluta, pero sí lo consiguió en las siguientes elecciones de 1983 pasando de 8 a 17 concejales sobre un total de 27. ¿Qué cautivo a los cordobeses para que le otorgarán la mayoría absoluta la segunda vez que se presentó a la alcaldía? Era una persona íntegra con gestos que muestran su modo de ser.

Su hijo falleció en la guerra de Iraq, en abril de 2003, cuando ejercía de corresponsal. Fue algo que conmocionó a la sociedad española. Julio recibió la noticia del fallecimiento, justo cuando le tocaba intervenir en un acto público. Su reacción muestra la valía humana de este político. Subió al estrado y con claras muestras de emoción dijo: "Mi hijo mayor de 32 años acaba de morir cumpliendo sus obligaciones de corresponsal de guerra. Ha cumplido con su deber y yo, por tanto, voy a dirigir la palabra para cumplir con el mío".

Al respecto, no hay duda de que no es lo mismo ser político que *hacer política*. En muchas ocasiones el *personaje* se ha comido a la persona, cuando no se distingue a la persona del rol que ejerce puede surgir el peligro de que las diferentes tareas que debe realizar el político no le dejen reflexionar y buscar el bien común. El político que está en el gobierno tiene que dirimir entre la alternativa de ser útil a la sociedad y gobernar para todos o tomar medidas solo para conservar su puesto y mantenerse en el poder. Esto es algo que sucede cuando se toca el poder, es decir, es cierto, a veces, eso que se dice de que el poder corrompe y quien comienza a mandar se identifica con el personaje.

¿Cuáles son las prioridades de un político en el ejercicio del gobierno? Si la política es servicio, entonces las opiniones del político tienen que ser secundarias, no se trata de que gobierne a su antojo, según lo que él quiera, de qué sirve imponer su idea, ya que esto no sería servir. Tampoco tiene sentido ejecutar lo que las minorías quieren. Gobernar es la prudencia de elegir siempre lo mejor para todos, aunque no les guste. Ideológicamente siempre habrá personas que se contraríen con las medidas que toma un político en el gobierno y que no las comparta.

Es el momento de presentar la figura de Fernando de la Rúa, un abogado, que también fue político que tiene el honor de haber sido el primer alcalde de Buenos Aires elegido por el voto popular en 1996 y quien tres años más tarde se convirtió en el presidente de Argentina. Todos sabemos que heredó un país con unos datos macroeconómicos muy negativos. Ante la perplejidad de los argentinos, presionado –según él– por el peronismo, en 2001, presentó su dimisión como presidente. A tenor de los hechos fue honesto en explicar la situación económica del país y denunciar la falta de ayuda por parte del Fondo Monetario Internacional. La situación fue dramática porque en apenas dos semanas se sucedieron cinco presidentes con violencia callejera que acabó con la vida de treinta y seis personas. En 2002, la crisis se hizo notar porque la pobreza llegó al 54% de la población, cayó el PIB más del 10% y el desempleo subió hasta casi el 20%.

¿Cómo se debe diseñar el sistema político para que no sea un *mercadeo* de votos? Esta es una cuestión que se debe afrontar. La pandemia ha evidenciado que son necesarios líderes que sepan gestionar y quizá no tanto políticos profesionalizados, puesto que muchos de ellos no han hecho otra cosa en la vida que estar en el seno de un partido y, además, se aferran a su puesto porque de ello depende su sustento vital. Esto indica, sin duda, que el sistema es claramente mejorable. ¿Quién será capaz de liderar este cambio en el sistema? Todavía no hay nadie que haya tenido el arrojo de proponer soluciones dignas a esta situación.

Actualmente, es aceptado por todos que la política está inmersa en una grave crisis y quien no se percate de ello es que vive alejado de la cruda realidad. En este sentido, un claro peligro que subyace a la democracia imperante es el totalitarismo, camuflado, generalmente, con una careta de un esperanzador populismo, aunque ambos intentan suplantar la soberanía popular por la simple voluntad del gobernante. En este sentido, Christian Felber en su libro *La economía del bien común: un modelo económico que supera la dicotomía entre capitalismo y comunismo* señala que la soberanía popular para que sea real debería abarcar siete puntos esenciales: primero, capacidad para elegir un gobierno concreto; segundo, poder deseleccionar al gobierno; tercero, corregir un anteproyecto de ley presentada en el parlamento; cuarto, proponer leyes; quinto, tener iniciativa para modificar la constitución; sexto, votar directamente en una asamblea constitucional; séptimo, poder dirigir y controlar los servicios públicos básicos que sean más relevantes para la vida de los ciudadanos.

Otra crisis política es la confusión de los poderes traducida en el intento del poder ejecutivo por controlar la elección de los jueces. Sin embargo, hay dos crisis actuales ante las cuales el ser humano está indefenso. Son el abuso del poder legislativo que legisla más de lo necesario, imponiendo una ideología a través de leyes dictadas para unas minorías que no resuelven las necesidades de la gente. La otra crisis plenamente vigente es la falta de transparencia. Es incomprensible que en el siglo XXI no hayamos sido capaces de idear y establecer un sistema político más transparente y con una clara rendición de cuentas. Actualmente, lo que padecemos es una constante y opaca gestión con el ya manido recurso de la manipulación propagandística. Es cierto que se ha mejorado, pero es insuficiente, ya que, por lo general, la sensación que tienen los ciudadanos es que no se enteran de lo que realmente pasa. Según lo apuntado, es algo sabido por todos que el sistema de elección de los gobernantes tiene sus deficiencias, pero no se corrigen. En países como Alemania han ido rectificando algunos de esos errores, por ejemplo, en 1990 adoptaron las listas mixtas. No obstante, son insuficientes. Las alternativas del voto obligatorio o de las listas abiertas pueden arrojar un poco de esperanza, pero no parece que puedan convertirse en soluciones definitivas que acaben con la crisis política y la alta desafección de los ciudadanos.

En conclusión, necesitamos políticos que acepten la política como una actividad de servicio. Políticos que crean que la actividad política es la más noble, como apuntaba Aristóteles, que la entiendan como servicio y que la vivan como tal. Por eso, también es necesario que el sistema garantice que el político está dispuesto a vivir la política como servicio.

Epílogo
¿El futuro debe *forzosamente* ser mejor?

La funesta pandemia fue –en pasado– una nefasta experiencia que evidenció que como seres humanos todavía nos queda mucho por aprender. Enigmáticamente, los países fueron arbitrando diferentes medidas en función de la desigual evolución de la pandemia con órdenes como: ahora se puede salir a la calle acompañado, ahora solo con los convivientes, ahora prohibición de reuniones de más de seis personas, ahora mascarilla obligatoria por la calle, ahora libertad…, incluso en ocasiones parecían medidas contradictorias o poco coherentes y, lo peor, sin preguntarnos qué nos parecía.

Es obvio que la pandemia transformó nuestra sensación de bienestar, ya que se adueñó de nosotros una desgana que nos robó la ilusión. Mucha gente piensa que con la pandemia han perdido un año largo de su vida. Es tiempo pasado. En la actualidad, se nos ha insistido en que la vacuna es la solución, sin embargo, la eficacia real de las actuales vacunas no es absoluta porque hay gente vacunada que ha vuelto a contagiarse, aunque cierto que con menor riesgo para su salud. Misteriosamente se ha dejado de informar.

António Guterres, secretario general de la ONU, en el homenaje a Nelson Mandela indicó que el COVID-19 es una tragedia humana, pero ha generado una oportunidad generacional para construir un mundo más inclusivo y sostenible. Sería pertinente realizar un balance de qué es lo positivo que nos deja la reflexión postpandemia. ¿Qué hemos aprendido durante los casi dos años completos de pandemia y postpandemia? ¿Ha servido de algo tanto sufrimiento? Jano García en su libro *La gran manipulación cómo la desinformación convirtió a España en el paraíso del coronavirus*, publicado en 2020, afirma que no hemos aprendido nada porque la masa social solo desea diversión y no quiere problemas. Quizás lo que pasa es que nos falta ambición por cambiar y la gente prefiere la seguridad de la rutina cotidiana.

A este respecto, dice Alvin Toffler en *El Shock del futuro* que para ser capaz de digerir el cambio hay que preverlo, pero la pandemia no ha sido algo que se haya podido prever y, por tanto, tampoco hemos sido capaces de digerido. ¿Estamos preparados para un cambio de paradigma educativo? ¿Estamos preparados para una metamorfosis en el modelo económico para lograr una sostenibilidad global? ¿Estamos preparados para liderar un necesario cambio en la política? ¿Estamos preparados para una auténtica transformación social encaminada a la mejora personal y social?

En este sentido, Klaus Schwab y Thierry Malleret afirman, en su libro titulado *COVID-19: el gran reinicio,* que durante la postpandemia necesitamos cambiar porque tenemos la oportunidad de reflexionar sobre cómo funcionan nuestra economía y la sociedad para poner remedios con el fin de construir un mundo menos destructivo y más inclusivo, o sea, más equitativo y justo. Estos autores subrayan la necesidad de un reinicio frente a los mensajes de que la vida sigue, que esta pandemia pasará como ha sucedido con otras y que el mundo tampoco está tan mal y que, por tanto, no es necesario un reinicio.

Ojalá la pandemia haya servido para no agobiarnos de cara al futuro porque ni los más pesimistas hubieran augurado una catástrofe de estas características: una pandemia mundial. Sin embargo, no está claro que hayamos aprendido a mirar el futuro de un modo más halagüeño. Nos gustaría proponer con humildad que la postpandemia puede ser una oportunidad para aprender a gestionar mejor los avatares de cada día.

¿Nos habrá ayudado el sufrimiento durante la pandemia para ver al otro con más empatía? A finales del siglo XX, Goleman puso de moda la educación emocional; ahora lo que todo el mundo añora es ser empático y aprender a serlo. Desde 2015 existe el Museo de la empatía, fundado por el filósofo británico Roman Krznaric, situado en Londres, muy cerca de la orilla del Támesis. Es una experiencia original y sencilla porque se trata de andar una milla con los zapatos de otra persona mientras, a lo largo del recorrido, se escucha un audio de la historia del dueño de los zapatos que uno se ha calzado. Se trata de vivir lo que dice la famosa frase para comprender qué es la empatía: *ponerse en los zapatos del otro*. Además, existe la posibilidad de acceder a la biblioteca con una particularidad, ya que no hay libros sino personas con diferentes perfiles dispuestos a contar su historia humana y sus experiencias vividas. Sin duda, la pandemia pudo haber sido una gran oportunidad para aprender de los demás, para empatizar con ellas y para salir del egoísmo personal.

Al hilo de lo expuesto, Daniel Innerarity en su libro titulado *Pandemocracia. Una filosofía de la crisis del coronavirus* plantea la cuestión de hasta qué punto los seres humanos aprendemos de las crisis. Ciertamente, el mayor gesto de solidaridad de los últimos tiempos ha sido el aplauso diario a los sanitarios durante el confinamiento. ¿Qué ha quedado de este maravilloso gesto multitudinario? ¿Nos ha ayudado a ver el trabajo de los sanitarios con mejores ojos o a ser más agradecidos por su gran labor desempeñada?

¿Hay solución para el problema de liderazgo político? Henry Louis Mencken, periodista, ensayista y académico del inglés estadounidense, dijo que "para todo problema humano hay siempre una solución fácil, clara, plausible y equivocada". En este sentido, Max Weber en su libro *La política como profesión* afirma que el político tiene que vencer en sí mismo un enemigo trivial, pero muy humano como es la vanidad porque el político opera con la ambición de poder. Según él, hay dos peligros, la falta de responsabilidad del político, que significa el no volcarse, el no entregarse apasionadamente a resolver los problemas reales de los ciudadanos. Y, el segundo, es la vanidad, sobre todo porque el político –habitualmente– siente la tentación de ponerse a sí mismo en el centro ponerse a sí mismo en el centro. Lo peor que le puede pasar a un político es creerse un narcisista.

No obstante, como señala Juan Luis Cebrián en su libro *Caos. El poder de los idiotas*, aunque se ha generalizado la opinión de que los políticos son ineptos o corruptos, son ellos los que nos van a sacar de esta situación. Por eso, este difícil empeño requiere recuperar el denostado prestigio de los políticos con un liderazgo que destierre a los oportunistas. Son precisas, para salir de esta crisis de carencia de prestigio en el modo de hacer política, varias reformas estructurales que van a requerir el protagonismo de algún líder político.

Cómo epílogo de toda la reflexión apuntada en este libro dos podrían ser las conclusiones: la primera, que los políticos superen la tentación de ser vanidosos y estén más comprometidos con las necesidades reales y empaticen con los ciudadanos a los que deben servir, tal y como los sanitarios han mostrado a lo largo de la pandemia, ejerciendo su profesión como un servicio. La segunda, educar en la solidaridad, siguiendo la propuesta de Bauman en su libro *Extraños llamando a la puerta*, quien señala que la humanidad está en crisis y que la única manera de salir de ella es mediante la solidaridad entre los seres humanos. Como diría el bueno de Rafael Nadal: *vamos*.